새로운 도서, 다양한 자료 동양북스 홈페이지에서 만나보세요!

www.dongyangbooks.com
m.dongyangbooks.com

홈페이지 도서 자료실에서 학습자료 및 MP3 무료 다운로드

PC

❶ 홈페이지 접속 후 **도서 자료실** 클릭
❷ **하단 검색 창**에 검색어 입력
❸ MP3, 정답과 해설, 부가자료 등 첨부파일 다운로드
   * 원하는 자료가 없는 경우 '요청하기' 클릭!

MOBILE

* 반드시 '인터넷, Safari, Chrome' App을 이용하여 홈페이지에 접속해주세요. (네이버, 다음 App 이용 시 첨부파일의 확장자명이 변경되어 저장되는 오류가 발생할 수 있습니다.)

❶ 홈페이지 접속 후 ☰ 터치

❷ **도서 자료실** 터치

❸ **하단 검색창**에 검색어 입력
❹ MP3, 정답과 해설, 부가자료 등 첨부파일 다운로드
   * 압축 해제 방법은 '다운로드 Tip' 참고

미래와 통하는 책

가장 쉬운 독학
일본어 첫걸음
14,000원

버전업! 굿모닝
독학 일본어 첫걸음
14,500원

일단 합격하고 오겠습니다
JLPT 일본어능력시험 N3
26,000원

일본어 100문장 암기하고
왕초보 탈출하기
13,500원

가장 쉬운 독학
중국어 첫걸음
14,000원

가장 쉬운 중국어
첫걸음의 모든 것
14,500원

일단 합격 新HSK
한 권이면 끝! 4급
24,000원

중국어
지금 시작해
14,500원

영어를 해석하지 않고
읽는 법
15,500원

미국식
영작문 수업
14,500원

세상에서 제일 쉬운
10문장 영어회화
13,500원

영어회화
순간패턴 200
14,500원

가장 쉬운 독학
베트남어 첫걸음
15,000원

가장 쉬운 독학
프랑스어 첫걸음
16,500원

가장 쉬운 독학
스페인어 첫걸음
15,000원

가장 쉬운 독학
독일어 첫걸음
17,000원

동양북스 베스트 도서

**THE
GOAL 1**
22,000원

**인스타
브레인**
15,000원

**직장인, 100만 원으로
주식투자 하기**
17,500원

**당신의 어린 시절이
울고 있다**
13,800원

**놀면서 스마트해지는 두뇌 자극
플레이북 딴짓거리 EASY**
12,500원

**죽기 전까지
병원 갈 일 없는 스트레칭**
13,500원

**가장 쉬운 독학
이세돌 바둑 첫걸음**
16,500원

**누가 봐도 괜찮은 손글씨 쓰는
법을 하나씩 하나씩 알기 쉽게**
13,500원

**가장 쉬운 초등 필수 파닉스
하루 한 장의 기적**
14,000원

**가장 쉬운 알파벳 쓰기
하루 한 장의 기적**
12,000원

**가장 쉬운 영어 발음기호
하루 한 장의 기적**
12,500원

**가장 쉬운 초등한자 따라쓰기
하루 한 장의 기적**
9,500원

**세상에서 제일 쉬운
엄마표 생활영어**
12,500원

**세상에서 제일 쉬운
엄마표 영어놀이**
13,500원

**창의쑥쑥 환이맘의
엄마표 놀이육아**
14,500원

동양북스
www.dongyangbooks.com
m.dongyangbooks.com

일본어뱅크

する する

술술 말할 수 있게 되는

스루스루 일본어

강경완 · 나카지마 시노부 · 김옥순

STEP 2

동양북스

술술 말할 수 있게 되는

스루스루
일본어 STEP 2

초판 인쇄 | 2022년 8월 10일
초판 발행 | 2022년 8월 22일

지은이 | 강경완, 나카지마 시노부, 김옥순
발행인 | 김태웅
책임편집 | 이선민
디자인 | 남은혜, 신효선
마케팅 | 나재승
제 작 | 현대순

발행처 | (주)동양북스
등 록 | 제 2014-000055호(2014년 2월 7일)
주 소 | 서울시 마포구 동교로22길 14 (04030)
구입 문의 | 전화 (02)337-1737 팩스 (02)334-6624
내용 문의 | 전화 (02)337-1762 dybooks2@gmail.com

ISBN   979-11-5768-823-4 14730
ISBN   979-11-5768-786-2 (세트)

본서는 대학에서 교양 일본어를 학습하고자 하는 학생을 대상으로 만들어졌습니다. 재미있는 일본 애니메이션을 한국어 자막 없이 보고자 하는 소박한 동기부터 일본에 여행 가서 직접 물건 사기, 나아가 일본인 친구와 SNS로 연락을 주고 받는 떨리는 희망까지, 교양 일본어 강의를 수강하고자 하는 학생들의 동기는 실로 다양합니다.

이렇게 일본어의 세계에 발을 들여놓은 학생에게는 무엇보다 기초적인 일본어 구사 능력을 익히는 것이 중요합니다. 기초적인 일본어 구사 능력이란 문서나 간판, 메뉴, 메일, SNS 등에 사용되는 간단한 문장을 읽고 쓸 수 있는 것을 말합니다. 이 능력을 키우려면 일상에 자주 등장하는 짤막한 대화를 이해하고 쉬운 단어를 사용하여 자기 의사를 간결하게 표현할 수 있는 연습이 필요합니다. 그렇기 때문에 본서에서는 효과적인 입문 레벨의 회화 학습을 위해 다음과 같은 사항에 특히 유의했습니다.

   1) 일본 현지에서 경험할 수 있는 일상을 스토리텔링으로 구성했습니다.
   2) 생활 속에서 맞닥뜨리게 될 전형적인 장면의 회화를 소개했습니다.
   3) JLPT 5급~4급 레벨의 기본어휘와 문법을 토대로 예문을 제작했습니다.

본서는 문법 항목 위주의 작위적인 구성을 배제하고 유나가 일본 여행 중에 경험하는 현지의 생활일본어, 일상 회화를 자연스럽게 학습할 수 있도록 디자인했습니다. 각 과의 구성은 다음과 같습니다.

   1) 서두에 삽화를 통해 학습의 대상이 되는 장면을 유추하도록 했습니다.
   2) 학습 목표와 학습 내용을 구체적으로 제시했습니다.
   3) 주요 문법 사항을 예문과 함께 간략히 설명했습니다.
   4) 연습문제를 통해 학습한 문법 사항을 체화하도록 했습니다.
   5) 액티비티를 통해 특정 장면에서 간단한 회화가 가능하도록 역할별 연습을 마련했습니다.

또한 각 과의 말미에는 그 과에서 학습한 중요 단어를 요약하여 복습에 활용하도록 하는 한편 일본문화에 관련된 생생한 사진을 실어 학생들의 호기심을 북돋아 스스로 사진에 나온 문화의 내용을 찾아볼 수 있게끔 유도했습니다.

스루스루 일본어 하권은 10과로 구성되어 있어 대학에서 한 학기 동안 효과적으로 학습할 수 있는 최적의 분량으로 기획했습니다. 특히 동사를 활용하여 자연스러운 의사소통을 할 수 있도록 회화문을 구성했으며 부록에 오십음도 순으로 120여개의 동사리스트를 수록해, 학습에 도움이 되도록 배려했습니다. 부족한 부분에 관한 기탄없는 지도를 부탁드리며 아무쪼록 교양 일본어를 학습하고자 하는 학생들에게 본서가 조금이나마 도움이 되기를 기원해봅니다.

저자 일동

🎁 히라가나 오십음도

	あ행	か행	さ행	た행	な행
あ단	あ [a] 아	か [ka] 카	さ [sa] 사	た [ta] 타	な [na] 나
い단	い [i] 이	き [ki] 키	し [si] 시	ち [chi] 치	に [ni] 니
う단	う [u] 우	く [ku] 쿠	す [su] 스	つ [tsu] 츠	ぬ [nu] 누
え단	え [e] 에	け [ke] 케	せ [se] 세	て [te] 테	ね [ne] 네
お단	お [o] 오	こ [ko] 코	そ [so] 소	と [to] 토	の [no] 노

は행	ま행	や행	ら행	わ행	ん행
は [ha] 하	ま [ma] 마	や [ya] 야	ら [ra] 라	わ [wa] 와	ん [n] 응
ひ [hi] 히	み [mi] 미		り [ri] 리		
ふ [hu] 후	む [mu] 무	ゆ [yu] 유	る [ru] 루		
へ [he] 헤	め [me] 메		れ [re] 레		
ほ [ho] 호	も [mo] 모	よ [yo] 요	ろ [ro] 로	を [o] 오	

5

🎁 가타카나 오십음도

	ア행	カ행	サ행	タ행	ナ행
ア단	ア [a] 아	カ [ka] 카	サ [sa] 사	タ [ta] 타	ナ [na] 나
イ단	イ [i] 이	キ [ki] 키	シ [si] 시	チ [chi] 치	ニ [ni] 니
ウ단	ウ [u] 우	ク [ku] 쿠	ス [su] 스	ツ [tsu] 츠	ヌ [nu] 누
エ단	エ [e] 에	ケ [ke] 케	セ [se] 세	テ [te] 테	ネ [ne] 네
オ단	オ [o] 오	コ [ko] 코	ソ [so] 소	ト [to] 토	ホ [no] 노

ハ행	マ행	ヤ행	ラ행	ワ행	ン행
ハ [ha] 하	マ [ma] 마	ヤ [ya] 야	ラ [ra] 라	ワ [wa] 와	ン [n] 응
ヒ [hi] 히	ミ [mi] 미		リ [ri] 리		
フ [hu] 후	ム [mu] 무	ユ [yu] 유	ル [ru] 루		
ヘ [he] 헤	メ [me] 메		レ [re] 레		
ホ [ho] 호	モ [mo] 모	ヨ [yo] 요	ロ [ro] 로	ヲ [o] 오	

💡 이 책의 구성과 특징

☑ JLPT N5~N4레벨의 기본 어휘와 문법을 토대로 제작했습니다. 부록에 오십음도 순으로 120여개의 동사리스트도 수록하여, 학습에 도움이 되도록 배려했습니다.

이럴 땐 어떻게 말할까요?

각 과의 주제와 관련된 내용을 그림으로 표현했습니다.
학습을 시작하기 전에 이 상황에 어떤 말이 들어가면 좋을지 생각해 봅시다.
또한 각 과의 학습 목표와 포인트 문법을 미리 살펴볼 수 있습니다.

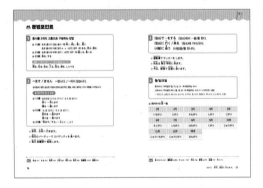

문법포인트

일본어의 기초 문법을 학습합니다. 가급적 패턴 형식으로 제시하여 회화에도 활용할 수 있게 하였습니다.

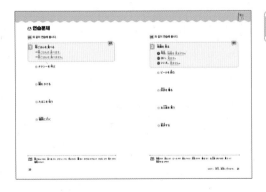

연습문제

문법포인트에서 학습한 내용을 바로바로 연습해 볼 수 있도록 패턴 연습을 배치하였습니다.

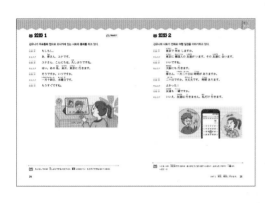

실전회화 1, 2

일본으로 여행 온 김유나를 주인공으로 문법에서 학습한 내용을 활용하여 회화문으로 구성하였습니다.

Activity

문법포인트와 실전회화에서 배운 내용을 다양한 형태로 연습해 봅니다. 여러 스타일로 구성되어 있기 때문에 더욱 흥미로운 학습이 될 수 있습니다.

사진으로 보는 일본문화

일본 문화에 대한 소개입니다. 다양한 사진을 보며 일본에 대한 이해를 높일 수 있습니다.

☆ 목차

 부록

⚓ 학습 구성표

과/제목	학습목표	학습내용
UNIT 1 다음 달 도쿄에 갑니다.	• 무엇을 하는지, 자신의 예정을 이야기할 수 있다. • 날짜나 요일을 묻고 답할 수 있다.	❶ 동사를 3개의 그룹으로 구분하는 방법 ❷ 동사~ます / ~ません。 ~합니다, ~하지 않습니다. ❸ 조사① : (장소)で、…をする (장소)에서 …을/를 하다 　　　　　 (장소)に 行く・来る (장소)에 가다/오다 　　　　　 (사람)に 会う ~를 만나다 ❹ 날짜와 요일 ❺ 때를 나타내는 말①
UNIT 2 어제는 수상 버스를 탔습니다.	과거에 자신이 한 행동을 이야기할 수 있다.	❶ 동사~ました。 ~했습니다. ❷ 동사~ませんでした。 ~하지 않았습니다. ❸ 조사② : (탈 것)に(乗る) (탈 것)에(타다) 　　　　　 (사람)と(~する) (사람)와/과(~하다) ❹ 부사 : たくさん 많이 / ずっと 계속 / 　　　　　 あまり(~ない) 별로~없다 ❺ 때를 나타내는 말②
UNIT 3 오사카에 친구를 만나러 갑니다.	• 어디에 무엇을 하러 가는지 말할 수 있다. • 자신이 하고 싶은 것을 이야기 할 수 있다. • 제안이나 권유를 할 수 있다.	❶ ~んですか。 (정보를 얻고, 그것에 대해 설명을 　요구하는 용법) ~입니까? ❷ (장소)に/へ ~に行きます。 (장소)에~갑니다. ❸ 何をしたいですか。 ~たいです。 　무엇을 하고 싶습니까? ~하고 싶습니다. ❹ ~ましょう。 (제안)~합시다. ❺ ~ませんか。 (권유)~하지 않겠습니까?
UNIT 4 일본어로 노래를 부를 수 있습니다.	자신의 능력이나 취미에 대해 말할 수 있다.	❶ ~は、…することです。 ~는 …하는 것입니다. ❷ ~することが好きです。 　~하는 것을 좋아합니다. ❸ ~することができます。 / できません。 　~하는 것이 가능합니다. / 할 수 없습니다. ❹ 조사③ : (수단)で (수단)으로

과/제목	학습목표	학습내용
UNIT 5 엄마에게 받았습니다.	자신이 주거나 받은 선물에 대해서 이야기할 수 있다.	① 〜を〜にあげます。 〜을/를 〜에게 줍니다. ② 〜を〜にもらいます。 〜을/를 〜에게 받습니다. ③ 〜が(私に)〜をくれます。 　〜가 (나에게) 〜를 줍니다. ④ 〜がほしいです。 〜을/를 원합니다. ⑤ 조사④ : (언어)で 〜と言います。 　(언어)로 〜라고 말합니다. 　(재료)で作る (재료)로 만들다
UNIT 6 수족관까지 가 주세요.	· 상대방에게 부탁할 수 있다. · 자신의 행동을 자세하게 말할 수 있다.	① 동사 て형 ② すみません(が)、〜てください。 　죄송합니다만, 〜하게 해 주세요. ③ 〜て、…ます。〜하고 …합니다(시간적 순서) ④ 〜てから、…ます。〜하고 나서 …합니다. ⑤ 조사⑤ : (장소)から (장소)まで (장소)에서 (장소)까지
UNIT 7 한국의 남쪽에 살고 있습니다.	· 자신이 지금 무엇을 하고 있는지 현재 상태를 이야기할 수 있다. · 허가를 구할 수 있다.	① 〜ています。(동작의 진행) 〜하고 있습니다. ② 〜ています。(현재의 상태) 〜해져 있습니다. 　〜に住んでいます 〜에 살고 있습니다. 　〜を勉強しています 〜를 공부하고 있습니다. 　〜を着ています 〜를 입고 있습니다. ③ 〜てもいいですか。(허가) 〜해도 됩니까? 　はい、どうぞ 네, 〜하세요. 　すみません、ちょっと… 미안합니다만, …는 좀 그래요. ④ 〜くなる / 〜になる 〜해지다.

과/제목	학습목표	학습내용
UNIT 8 형은 결혼했습니까?	• 자신 가족에 대해 이야기 하고, 상대의 가족에 대해서 질문할 수 있다. • 무엇을 이미 하고, 무엇을 하지 않는지 이야기할 수 있다.	❶ 結婚しています。결혼했습니다. 　〜に似ています。〜를 닮았습니다. ❷ 〜を知っていますか。〜을/를 알고 있습니까? 　はい、知っています / いいえ、知りません。 　〜네 알고 있습니다. / 〜아니요, 모릅니다. ❸ もう〜ましたか。이미 〜했습니까? 　はい、もう〜ました。네, 이미 〜했습니다. 　いいえ、まだ〜ていません。 　아니요, 아직 〜하지 않았습니다. ❹ 가족 명칭(나의 가족/남의 가족)
UNIT 9 들은 적은 있습니다만, 먹은 적은 없습니다.	자신의 경험이나 습관을 이야기할 수 있다.	❶ 동사 た형 ❷ 〜たことがあります。〜한 적이 있습니다. ❸ 〜たとき、何をしますか / どうしますか。 　〜했을 때, 무엇을 합니까? / 어떻게합니까? ❹ 〜たり、…たりします。〜하거나 …하거나 합니다. ❺ 〜てみます。〜해 봅니다.
UNIT 10 울지 말아 주세요.	• 해야 할 일과 하지말아야 할 일을 이야기할 수 있다. • 조언을 할 수 있다.	❶ 동사 ない형 ❷ 〜ないでください。〜하지 말아주세요. ❸ 〜ないといけません。〜하지 않으면 안 됩니다. ❹ 〜ないほうがいいです。〜하지 않는 편이 좋습니다. ❺ 〜ながら。〜하면서(동시 동작)

来月、東京に行きます。
<small>らい げつ</small>　<small>とう きょう</small>　<small>い</small>

이럴 땐 어떻게 말할까요?

학습목표

1. 무엇을 하는지, 자신의 예정을 이야기할 수 있다.
2. 날짜나 요일을 묻고 답할 수 있다.

학습내용

1. 동사를 3개의 그룹으로 구분하는 방법
2. 동사 ～ます / ～ません。
3. 조사① : (장소)で…を 하다 / (장소)に行く・来る / (사람)に会う
4. 날짜와 요일
5. 때를 나타내는 말①
　（先月、今月、来月、昨日、今日、明日）
　<small>せんげつ　こんげつ　らいげつ　きのう　きょう　あした</small>

🐱 문법포인트

1 동사를 3개의 그룹으로 구분하는 방법

❶ **1그룹**: る로 끝나지 않는 동사 예) 待つ、飲む、書く、話す

　　　　る로 끝나되 바로 앞이 a · u · o단인 경우 예) ある、売る、撮る

❷ **2그룹**: る로 끝나되 바로 앞이 i · e단인 경우 예) 起きる、食べる

❸ **3그룹**: 来る、する

> **예외!** 2그룹의 형태이나 1그룹의 활용을 하는 동사

帰る、切る、知る、入る、走る、減る、しゃべる

---

2 ～ます / ません　　～합니다. / ～하지 않습니다.

상대방에 대한 공손한 마음과 함께 습관적인 행동, 예정, 말하는 자의 의향을 나타냅니다.

> **동사ます형 만드는 방법**

❶ **1그룹**: 끝음절을 i단으로 바꾸고 「ます」를 붙인다.

　　　待つ → 待ちます
　　　撮る → 撮ります

❷ **2그룹**: 「る」를 없애고 「ます」를 붙인다.

　　　起きる → 起きます
　　　食べる → 食べます

❸ **3그룹**: 「来ます」「する」 → 来ます、します

◈ 来年、日本へ 行きます。

◈ 明日の パーティーで スパゲッティを 食べます。

◈ 毎日 図書館で 勉強します。

> **단어**　来る 오다　する 하다　来年 내년　日本 일본　明日 내일　毎日 매일　図書館 도서관　勉強 공부

16

3 **(장소)で …をする** (장소)에서 …을/를 한다.
(장소)に 行く / 来る (장소)에 가다/오다.
(사람)に 会う (사람)을/를 만나다.

◈ 運動場で サッカーを します。

◈ 先生は 毎日 学校に 来ます。

◈ 今日、新宿で 友達に 会います。

4 **월/일/요일**

한자수사: 우리말의 일, 이, 삼, 사…에 해당하는 수사

고유수사: 우리말의 하나, 둘, 셋, 넷…에 해당하는 수사 (1~10까지만 사용)

→ ひとつ、ふたつ、みっつ、よっつ、いつつ、むっつ、ななつ、やっつ、ここのつ、とお

❶ **(한자수사) 月 ~월**

1月	2月	3月	4月	5月
いちがつ	にがつ	さんがつ	しがつ	ごがつ
6月	7月	8月	9月	10月
ろくがつ	しちがつ	はちがつ	くがつ	じゅうがつ
11月	12月	何月		
じゅういちがつ	じゅうにがつ	なんがつ		

📖 **単語** 会う 만나다, 보다　運動場 운동장　サッカー 축구　今日 오늘　新宿 신주쿠　友達 친구　行く 가다

🐱 문법포인트

❷ ～日 ～일

2일~10일, 14일, 24일 → 고유수사 유래 / 1일~31일 → 한자수사 유래

1일, 20일 → 특별 표현(ついたち, はつか)

		1日	2日	3日	4日	5日
		ついたち	ふつか	みっか	よっか	いつか
6日	**7日**	**8日**	**9日**	**10日**	**11日**	**12日**
むいか	なのか	ようか	ここのか	とおか	じゅういちにち	じゅうににち
13日	**14日**	**15日**	**16日**	**17日**	**18日**	**19日**
じゅうさんにち	じゅうよっか	じゅうごにち	じゅうろくにち	じゅうしちにち	じゅうはちにち	じゅうくにち
20日	**21日**	**22日**	**23日**	**24日**	**25日**	**26日**
はつか	にじゅういちにち	にじゅうににち	にじゅうさんにち	にじゅうよっか	にじゅうごにち	にじゅうろくにち
27日	**28日**	**29日**	**30日**	**31日**		**何日**
にじゅうしちにち	にじゅうはちにち	にじゅうくにち	さんじゅうにち	さんじゅういちにち		なんにち

◈ A：今月は 何月ですか。

　 B：四月です。

◈ A：今日は 何日でしたっけ。

　 B：二十四日です。

◈ A：コンサートは いつですか。

　 B：九月二十日です。

📖 단어　コンサート 콘서트　今月 이번 달　～でしたっけ ～던가요?　いつ 언제

❸ ～ようび ～요일

月曜日	火曜日	水曜日	木曜日	金曜日	土曜日	日曜日	何曜日
げつようび	かようび	すいようび	もくようび	きんようび	どようび	にちようび	なんようび

◈ A：昨日は 何曜日でしたか。

B：昨日は 金曜日でした。

◈ A：イさん、日曜日には 何をしますか。

B：デパートに 行きます。

◈ A：テストは 何曜日ですか。

B：来週の 水曜日です。

5　때를 나타내는 말①

　　　　　　　　　　　　　　　　　　　　　　→ 시간의 흐름

날	昨日 어제	今日 오늘	明日 내일
월	先月 지난 달	今月 이번 달	来月 다음 달

◈ A：キムさんの 誕生日は 先月でしたよね。

B：いいえ、来月です。

◈ A：今月は 中間テストが ありますよね。

B：はい。四日からです。

◈ A：結婚式は いつですか。

B：明日です。

単語　デパート 백화점　来週 다음 주　誕生日 생일　～よね ～였지요?　中間テスト중간시험　結婚式 결혼식

😺 연습문제

보기 와 같이 연습해 봅시다.

> **1** 朝^{あさ}ごはんを 食^たべる
> → 朝^{あさ}ごはんを 食^たべます。
> → 朝^{あさ}ごはんを 食^たべません。
>
> 보기

❶ タクシーを 呼^よぶ

❷ 鍵^{かぎ}を かける

❸ たばこを 吸^すう

❹ 福岡^{ふくおか}に 行^いく

단어 朝^{あさ}ごはん 아침밥　食^たべる 먹다　タクシー 택시　呼^よぶ 부르다　鍵^{かぎ} 열쇠　かける 걸다(잠그다)　たばこ 담배　吸^すう 피우다
福岡^{ふくおか} 후쿠오카

보기 와 같이 연습해 봅시다.

2 映画を 見る

Ⓐ 今日、映画を 見ますか。

Ⓑ1 はい、見ます。

Ⓑ2 いいえ、見ません。

① ビールを 飲む

② 浴衣を 着る

③ お土産を 買う

④ 散歩する

단어 映画 영화　見る 보다　ビール 맥주　飲む 마시다　浴衣 유카타　着る 입다　お土産 선물(기념품)　買う 사다
散歩する 산책하다

🐱 연습문제

보기 와 같이 연습해 봅시다.

> 보기
>
> **3** 帽子を 買う
>
> Ⓐ 今から 何を しますか。
> Ⓑ デパートで 帽子を 買います。

❶ カフェで 友達に 会う

❷ 公園で 写真を 撮る

❸ 図書館で 雑誌を 読む

❹ バス停に 行く

단어 今から 지금부터, 이제 帽子 모자 カフェ 카페 公園 공원 写真 사진 撮る 찍다 読む 읽다 バス停 버스 정류장

보기 와 같이 연습해 봅시다.

---

4 休み^{やす}

Ⓐ 休みは いつですか。

Ⓑ さんがつ はつか げつようびです。

① コンサート

② 交流会^{こうりゅうかい}

③ 入学式^{にゅうがくしき}

④ 村上^{むらかみ}さんの 誕生日^{たんじょう び}

단어 休み^{やす} 휴일(휴가, 방학) 交流会^{こうりゅうかい} 교류회 入学式^{にゅうがくしき} 입학식

🐱 회화 1

김유나가 무료통화 앱으로 오사카에 있는 사토와 통화를 하고 있다.

佐藤 淳   もしもし。

キムユナ   あ、淳さん、ユナです。

佐藤 淳   ユナさん、こんにちは。久しぶりですね。

キムユナ   はい。あの 私、来月、東京に 行きます。

佐藤 淳   そうですか。いつですか。

キムユナ   一月十四日、木曜日です。

佐藤 淳   もうすぐですね。

ひさしぶり!

📖 **단어**   もしもし 여보세요   久しぶりですね 오랜만이네요   東京 도쿄(일본 수도)   もうすぐですね 얼마 안 남았네요

🐱 회화 2

김유나와 사토가 전화로 여행 일정을 이야기하고 있다.

佐藤 淳 　東京で 何を しますか。

キムユナ 　東京に 韓国人の 友達が います。その 友達に 会います。

佐藤 淳 　いいですね。

キムユナ 　大阪にも 行きます。

　　　　　　淳さん、一月二十日は 時間が ありますか。

佐藤 淳 　二十日ですか。大丈夫です。 時間 あります。

キムユナ 　よかった！

佐藤 淳 　友達も 一緒ですか。

キムユナ 　いいえ、友達は 行きません。私だけ 行きます。

 ～にも ～에도　大丈夫です 괜찮아요　ありがとうございます 감사합니다　よかった 다행이다!　一緒 같이

　　　～だけ ～만

🍎 Activity 1 (A역할)

1-1. 〈나의 내일 스케줄〉을 일본어로 바꿔 봅시다.

20XX년 X월 X일
□ 일찍(早く) 일어납니다.
□ 학교에 갑니다(or 옵니다).
□ 아르바이트를 합니다.
□ 집에서 미국 드라마를 봅니다.

20XX年 X月 X日
□
□
□
□

1-2. B의 스케줄을 일본어로 묻고 받아쓰기해 봅시다. 1-1을 보면서 나의 스케줄을
B에게 알려 주세요.

Q ○○さん、明日、何をしますか。

○○さんの スケジュール　OO씨의 스케줄
□
□
□
□

2. 당신의 내일 스케줄을 일본어로 작문하고 발표해 봅시다.

私の スケジュール　나의 스케줄
□
□
□

🍎 Activity 2 (B역할)

1-1. 〈나의 내일 스케줄〉을 일본어로 바꿔 봅시다.

20XX년 X월 X일
☐ 본가(実家)에 돌아갑니다.
☐ 친구를 만납니다.
☐ 카페에서 일본어 공부를 합니다.
☐ 술을 마십니다.

20XX年 X月 X日
☐
☐
☐
☐

1-2. A의 스케줄을 일본어로 묻고 받아쓰기해 봅시다. 1-1을 보면서 나의 스케줄을 A에게 알려주세요.

Q ○○さん、明日、何をしますか。

○○さんの スケジュール   OO씨의 스케줄
☐
☐
☐
☐

2. 당신의 내일 스케줄을 일본어로 작문하고 발표해 봅시다.

私の スケジュール   나의 스케줄
☐
☐
☐

사진으로 보는 일본문화

自然災害、防災訓練 ^{しぜんさいがい ぼうさいくんれん} 자연재해, 방재훈련

▶ 2011년 동일본 대지진의 모습

▶ 2016년 구마모토 지진의 모습

▶ 2014년 오키나와 태풍의 모습

▶ 피난 장소로 지정되어 있는 학교

▶ 지진 대피훈련의 모습

▶ 방재훈련으로 물 공급을 받는 주민들

昨日(きのう)は 水上(すいじょう)バスに 乗(の)りました。

이럴 땐 어떻게 말할까요?

?

학습목표

과거에 자신이 한 행동을 이야기할 수 있다.

학습내용

1. 〜ました。
2. 〜ませんでした。
3. 조사② : (탈 것)に(乗(の)る) / (사람)と(〜する)
4. 부사 : たくさん / ずっと / あまり(〜ない)
5. 때를 나타내는 말②
   (先週(せんしゅう)、今週(こんしゅう)、来週(らいしゅう)、週末(しゅうまつ))

🐱 문법포인트

1 ～ました。 ～했습니다. / 했어요.

◈ 3年前 大阪で 地震が 起きました。

◈ 今日は 朝6時に ジョギングしました。

◈ 試験は 終わりましたか。

2 ～ませんでした。 ～하지 않았습니다. / ～안 했습니다.

◈ 昨日は 雨が 降りませんでした。

◈ 今日 テストですが、勉強しませんでした。

◈ 日本語が 全く 分かりませんでした。

3 (탈 것) + に + (乗る) (탈 것) 에 (타다).
(사람) + と + (～する) (사람) 와/과 (～하다).

◈ A : 東京までは 新幹線に 乗りましたか。

　 B : はい、妹と 乗りました。

◈ A : 済州島では 馬に 乗りましたか。

　 B : はい、彼女と 乗りました。

📖 **단어**　～年前 ~년 전　大阪 오사카　地震 지진　朝 아침　ジョギング 조깅　試験 시험　雨 비　全く 전혀　新幹線 신칸센
妹 여동생　済州島 제주도　馬 말　彼女 그녀, 여자친구

30

4 たくさん 많이 / ずっと 계속 / あまり(〜ない) 별로〜없다.

◈ 大好きなイチゴケーキを たくさん 食べました。

◈ 寒い日が ずっと 続きました。

◈ 最近、中国人の 観光客が あまり 来ません。

5 때를 나타내는 말②

시간의 흐름 →

先週	今週	来週	週末
지난 주	이번 주	다음 주	주말

◈ 先週は、運動しませんでした。

◈ 来週、やっと 試験が 終わります。

◈ ヤンさん、週末は ふつう 何を しますか。

단어 大好きだ 아주 좋아하다 イチゴケーキ 딸기 케이크 寒い日 추운 날 最近 요즘 中国人 중국인 観光客 관광객
運動 운동 やっと 드디어 ふつう 보통 何 무엇

🐱 연습문제

보기 와 같이 연습해 봅시다.

보기

1 料理を 作る
→ 料理を 作りました。
→ 料理を 作りませんでした。

❶ 友達に 会う

❷ 漢字を 勉強する

❸ 雨が 降る

❹ 昼寝を する

단어 料理 요리(음식) 作る 만들다 漢字 한자 勉強する 공부하다 雨 비 降る 내리다 昼寝 낮잠

32

보기

2 カラオケで 歌を 歌う

Ⓐ 昨日、カラオケで 歌を 歌いましたか。

Ⓑ1 はい、歌いました。

Ⓑ2 いいえ、歌いませんでした。

❶ メールが 来る

❷ ラーメンを 食べる

❸ 横浜に 行く

❹ お風呂に 入る

 カラオケ 가라오케(노래방)　歌 노래　歌う 부르다　メール 메일　ラーメン 라멘　横浜 요코하마(일본의 항구 도시)
お風呂に 入る 목욕하다

🐱 연습문제

보기 와 같이 연습해 봅시다.

보기

3 自転車に 乗る・ネットカフェ・弟・ゲームを 楽しむ

Ⓐ 先週の 週末は 何を しましたか。
Ⓑ 遊園地で 自転車に 乗りました。
Ⓐ それから 何を しましたか。
Ⓑ ネットカフェで 弟と ゲームを 楽しみました。

❶ ボートに 乗る・コンビニ・彼女・カップラーメンを 食べる

❷ レールバイクに 乗る・プリクラ・彼氏・写真を 撮る

❸ メリーゴーラウンドに 乗る・広場・家族・パレードを 見る

❹ スケボーに 乗る・ベンチ・友達・話す

단어 遊園地 유원지　自転車 자전거　乗る 타다　ネットカフェ PC방　弟 남동생　ゲーム 게임　楽しむ 즐기다
ボート 보트　乗る 타다　コンビニ 편의점　カップラーメン 컵라면　レールバイク 레일 바이크
プリクラ 스티커사진　彼氏 남자친구　写真を 撮る 사진을 찍다　メリーゴーラウンド 회전목마　広場 광장
パレード 퍼레이드　スケボー 스케이트 보드　ベンチ 벤치　話す 대화하다

보기 와 같이 연습해 봅시다.

보기

4 来週・会議が ある・先週

Ⓐ 来週 会議が ありますか。

Ⓑ はい、あります。

Ⓐ 先週も 会議が ありましたか。

Ⓑ いいえ、先週は ありませんでした。

❶ 明日・銭湯に 行く・昨日

❷ 今週末・パーティーを する・先週末

❸ 今月・ご両親が 来る・先月

❹ 今日・早く 寝る・昨日

단어 会議 회의　ある 있다　銭湯 공중목욕탕　パーティー 파티　ご両親 (남의)부모님　早く 寝る 빨리 자다

🐶 회화 1

🎧 TRACK 2

김유나가 다나카에게 좋아하는 가수에 대한 이야기를 하고 있다.

田中一郎　ユナさん、週末は 何を しましたか。

キムユナ　土曜日に 武道館に 行きました。

　　　　　コンサートを 見ました。

田中一郎　へえ、誰の コンサートですか。

キムユナ　ホシノ ケンです。とても かっこよかったです。

田中一郎　会場で グッズを たくさん 買いましたか。

キムユナ　いいえ、あまり 買いませんでした。

田中一郎　え？ どうしてですか。

キムユナ　全部 ありますから。

단어　武道館 무도관　コンサート 콘서트　誰 누구　かっこいい 멋있다, 잘 생겼다　会場 콘서트장　グッズ 굿즈
どうしてですか 왜입니까?　全部 모두 다

36

🐱 회화 2

김유나와 다나카가 서로 주말에 한 일을 이야기하고 있다.

キムユナ	昨日は 水上バスに 乗りました。
田中一郎	誰と 乗りましたか。一人で？
キムユナ	いいえ、韓国人の 友達と 乗りました。そのあと、 スカイツリーの 中の レストランで 食事を しました。
田中一郎	そうですか。いいですね。
キムユナ	田中さんは 週末、何を しましたか。
田中一郎	私は 土曜日も 日曜日も ずっと 仕事を しました。 今週の 週末も 来週の 週末も 仕事です。

ずっと しごと。

단어　水上バス 수상 버스　一人で 혼자서　スカイツリー 스카이트리(도쿄에 있는 세계에서 가장 높은 타워)　食事 식사
ずっと 계속　仕事 일

🍎 Activity (A역할)

1-1. 주말에 한 일을 적어 놓은 일기장에 물이 묻어, 뒷부분 문장이 안 보이게 되었습니다. 남아 있는 문장을 참고하여 다시 적고, 그 일을 해서 어땠었는지도 형용사를 사용하여 자유롭게 적어봅시다.

주말에 내가 한 일	어땠는지?	☀️ ☁️ ☁️ ☔ ⛄
□ 映画館で 映画		
□ キョンジュで ケーブルカー		
□ カフェで 友達		
□ 居酒屋で アルバイト		

1-2. B가 주말에 한 일을 일본어로 묻고 받아 적어봅시다. 1-1의 일기장을 보면서 주말에 당신이 한 일을 B에게 알려 주세요.

Q ○○さん、週末、何を しましたか。　　**Q2** どうでしたか。

B씨가 주말에 한 일	어땠는지?	☀️ ☁️ ☁️ ☔ ⛄
□		
□		
□		
□		

2. 당신이 지난 주에 한 일을 일본어로 작문하고 발표해 봅시다.

先週の 週末に したこと　지난 주말에 한 일	☀️ ☁️ ☁️ ☔ ⛄

🍎 Activity (B역할)

1-1. 주말에 한 일을 적어 놓은 일기장에 물이 묻어, 뒷부분 문장이 안 보이게 되었습니다. 남아 있는 문장을 참고하여 다시 적고, 그 일을 해서 어땠었는지도 형용사를 사용하여 자유롭게 적어봅시다.

주말에 내가 한 일	어땠는지?	☀️ ⛅ ☁️ ☂️ ☃️
□ 図書館で 課題		
□ 家で 日本のアニメ		
□ ジムの プール		
□ 東野圭吾の 小説		

1-2. A가 주말에 한 일을 일본어로 묻고 받아 적어봅시다. 1-1의 일기장을 보면서 주말에 당신이 한 일을 A에게 알려 주세요.

Q1 ○○さん、週末、何を しましたか。　**Q2** どうでしたか。

A씨가 주말에 한 일	어땠는지?	☀️ ⛅ ☁️ ☂️ ☃️
□		
□		
□		
□		

2. 당신이 지난 주에 한 일을 일본어로 작문하고 발표해 봅시다.

先週の 週末に したこと　지난 주말에 한 일	☀️ ⛅ ☁️ ☂️ ☃️

사진으로 보는 일본문화

日本の秋 일본의 가을
にほん あき

▶ 紅葉狩り 단풍 구경
もみじが

▶ おはぎ 오하기(찹쌀 떡)

▶ 中秋の名月 음력 8월 보름달
ちゅうしゅう めいげつ

▶ お月見 달 구경
つきみ

▶ さんまの塩焼き 꽁치구이
しおや

大阪_{おおさか}に 友達_{ともだち}に 会_あいに 行_いきます。

학습목표

1. 어디에 무엇을 하러 가는지 말할 수 있다.
2. 자신이 하고 싶은 것을 이야기할 수 있다.
3. 제안이나 권유를 할 수 있다.

학습내용

1. ～んですか。(정보를 얻고 그것에 대해 설명을 구하는 용법)
2. (장소)に/へ…に 行きます。
3. ～を(～へ、 ～に)…たいですか。/ ～たいです。
4. ～ましょう。(제안)
5. ～ませんか。(권유)

🐱 문법포인트

1 ～んですか。 ～입니까.

(보거나 들은 정보를 전제로 하여)상황을 확인하거나 설명을 요구하는 용법

(보거나 들은 정보에)놀라거나 이상하게 생각해서 마음이 동요하는 상황

◈ A：行ってきます。

　B：あ、どこへ 行くんですか。

◈ A：イタタ…

　B：え、どこが 痛いんですか。

◈ A：お世話に なりました。

　B：こちらこそ。でも、どうして 会社を やめるんですか。

2 (장소)に / へ …に 行きます。 (장소)에 …하러 갑니다.

◈ 京都へ 友達に 会いに 行きます。
◈ 食堂に ご飯を 食べに 行きます。
◈ 昨日、公園へ 花見に 行きました。

3 ～を(～へ, ～に) …たいですか。 ～을/를 …하고 싶습니까?
　　 ～たいです。 ～하고 싶습니다.

◈ A：何を したいですか。

　B：ラーメンが 食べたいです。

📖 **단어**　どこ 어디　イタタ 아야　痛い 아프다　お世話に なりました。 그동안 신세를 많이 졌습니다　こちらこそ 저야말로
でも 하지만　どうして 왜, 어째서　会社 회사　京都 교토　食堂 식당　ご飯 밥　公園 공원　花見 꽃구경
ラーメン 라면

42

◈ A : どこへ 行きたいですか。
　 B : 早く 家へ 帰りたいです。
◈ A : 誰に 会いたいですか。
　 B : 日本の 友達に 会いたいです。

4　〜ましょう。　〜합시다.(제안)

◈ 一緒に ご飯を 食べましょう。
◈ 疲れました。ちょっと 休みましょう。
◈ 食事の 前に 手を 洗いましょう。

5　〜ませんか。　〜하지 않겠습니까?(권유)

◈ これから カフェに 行きませんか。
◈ 今晩、一緒に 映画を 見ませんか。
◈ 今度の 日曜日、交流会に 来ませんか。

 ちょっと 조금　食事 식사　前 전　手 손　これから 이제부터, 앞으로　カフェ 카페　今晩 오늘 밤　映画 영화
今度 이번

🐱 연습문제

보기 와 같이 연습해 봅시다.

1 　誰に 会う・日本人の 友だち

　Ⓐ 誰に 会うんですか。
　Ⓑ 日本人の 友だちに 会います。

보기

---

① 何を 飲む・フランスの ワイン

② どこに 行く・渋谷の ビックカメラ

③ いつ 国へ 帰る・あさって

④ 何に 乗る・新幹線

단어 　何 무엇　フランス 프랑스　ワイン 와인　渋谷 시부야　ビックカメラ 빅 카메라　国 고국　帰る 돌아가다
あさって 모레

보기 와 같이 연습해 봅시다.

> **2** カフェ・コーヒーを飲む
>
> Ⓐ どこに行くんですか。
> Ⓑ カフェに コーヒーを 飲みに 行きます。

보기

① 薬局・薬を 買う

② 国技館・相撲を 見る

③ 講義室・友達を 呼ぶ

④ 図書館・本を 借りる

단어　コーヒー 커피　薬局 약국　薬 약　国技館 국기관　相撲 스모　借りる 빌리다　講義室 강의실

🐱 연습문제

보기 와 같이 연습해 봅시다.

보기

3 アメリカに 行く

Ⓐ アメリカに 行きたいですか。
Ⓑ1 はい、とても 行きたいです。
Ⓑ2 いいえ、あまり 行きたくないです。

❶ スペイン語を 勉強する

❷ 車の 免許を 取る

❸ オンライン授業を 受ける

❹ ゲストハウスに 泊まる

단어 アメリカ 미국 スペイン語 스페인어 車 자동차 免許を 取る 면허를 따다 オンライン授業 온라인 수업
受ける 받다 ゲストハウス 게스트하우스 泊まる 묵다(숙박하다)

보기

4 ビールを 飲^のむ

Ⓐ 一緒^{いっしょ}に <u>ビールを 飲^のみませんか。</u>
Ⓑ いいですね。<u>飲^のみましょう。</u>

❶ 日本^{にほん}の ドラマを 見^みる

❷ おにぎりを 作^{つく}る

❸ 台所^{だいどころ}の 片付^{かたづ}けを する

❹ 鈴木^{すずき}さんを 見送^{みおく}りに 行^いく

단어 ビール 맥주 ドラマ 드라마 おにぎり 주먹밥 台所^{だいどころ} 부엌 片付^{かたづ}け 정리 見送^{みおく}る 배웅하다

김유나가 나갈 준비를 마치고 게스트하우스 프런트에 나와 있다.

田中一郎 おや、ユナさん、どこか 行くんですか。

キムユナ　はい、今日は 浅草に お土産を 買いに 行きます。

浅草にしか なくて……。

田中一郎　そうだ、明日から 大阪でしたね。

キムユナ　はい、大阪に 友達に 会いに 行きます。

田中一郎　ひょっとして 佐藤淳君ですか。

キムユナ　すごい！ どうして わかったんですか。

単어　おや 아니(의문이 생겼을 때 내는 소리)　どこか 어딘가　浅草 아사쿠사(도쿄의 관광지)　〜にしか 〜에 밖에(없다)
そうだ 참, 맞다　〜でしたね 〜이었죠　ひょっとして 혹시　〜君 〜군　すごい 대단하다
どうしてわかったんですか 어떻게 알았어요?

🐱 회화 2

김유나가 사토와 전화로 오사카 일정을 이야기하고 있다.

キムユナ	明日は 10時に 大阪駅に 着きます。
佐藤 淳	そうですか。じゃ、10時に「時空の広場」で 会いましょう。
	大きい 時計が ある ところです。
キムユナ	大きい 時計ですね。わかりました。
佐藤 淳	ユナさん、大阪で 何を したいですか。
キムユナ	道頓堀に 行きたいです。グリコの 看板の 前で 写真を 撮りたいです。
佐藤 淳	ああ、あそこですね。行きましょう。
キムユナ	淳さんも 一緒に 撮りませんか。あの 有名な ポーズを とりましょう！
佐藤 淳	え？あ、僕は 大丈夫です。

🔤 **단어** 　大阪駅 오사카역　着く 도착하다　時空の広場 (오사카에 위치한)시공의 광장　～が ある ところ ～가 있는 곳
わかりました 알겠습니다　道頓堀 도톤보리(오사카에 있는 관광지)　グリコ 구리코(일본 제과 회사명)　看板 간판
あそこ (본문 문장에서는)거기　あの (본문 문장에서는)그　ポーズを とる 포즈를 취하다　僕 나(남자가 사용함)
大丈夫です 괜찮아요

🍎 Activity

1. 대학교 재학 중과 졸업 후에 하고 싶은 일을 예시에서 고른 후 '～고 싶습니다' 문장
   으로 만들어 적어 봅시다.

〈대학교 재학 중〉 2～3개

<ruby>私<rt>わたし</rt></ruby>	<ruby>友達<rt>ともだち</rt></ruby>
☐	☐
☐	☐
☐	☐
☐	☐
☐	☐

〈대학교 졸업 후〉 2～3개

<ruby>私<rt>わたし</rt></ruby>	<ruby>友達<rt>ともだち</rt></ruby>
☐	☐
☐	☐
☐	☐
☐	☐
☐	☐

예시

友達を たくさん 作る
サークルに 入る
世界一周する
海外で 働く
運命(性格・名前)を 変える

交換留学に 行く
100点を 取る
お金を たくさん 稼ぐ
オーロラを 見る
親孝行を する

2. 1에서 정리한 표를 바탕으로 예시처럼 짝과 함께 이야기해 봅시다.

예시

A 大学で (or 大学の後)、何を したいですか。
B ええっと、友達を たくさん 作りたいです。

A へえ、そうですか。
B Aさんは 大学で 何を したいですか。

A ええっと……、
(이야기를 계속 나눈다.)

A あ、私もです！
B そうですか。一緒に がんばりましょう。
他には 何を したいですか。

A そうですね……、
(이야기를 계속 나눈다.)

3. 1에서 적은 예시 이외에 앞으로 하고 싶은 일을 3개 정도 적어 봅시다.

私の バケットリスト　　나의 버킷 리스트	☀ ⛅ ☁ ☂ 🌤
☐	
☐	
☐	

사진으로 보는 일본문화

儀式①(結婚式、成人式) 의식① (결혼식, 성인식)

▶ 일본의 전통 결혼식 모습

▶ 着物 전통 결혼식에 입는 기모노

▶ 일본의 현대 결혼식 모습

▶ 祝儀 결혼 축의금

◀ 成人式 성인식

日本語で 歌を
歌うことが できます。

학습목표

자신의 능력이나 취미에 대해 말할 수 있다.

학습내용

1. ～は、…することです。
2. ～することが 好きです。
3. ～することが できます。/ できません。
4. 조사③ : (수단)で

🐱 문법포인트

---

1 ～は、…することです。 ～는 …하는 것입니다.

◈ 兄の 目標は、東京大学に 合格することです。

◈ 私の 趣味は、プラモデルを 作ることです。

◈ 彼女の 夢は、映画に 出演することです。

---

2 ～することが 好きです。 ～하는 것을 좋아합니다.

◈ 私は 本を 読むことが 好きです。

◈ 息子は ゲームを することが とても 好きです。

◈ 学生時代は フィギュアを 集めることが 好きでした。

📖 **단어** 兄 형, 오빠　目標 목표　合格 합격　趣味 취미　プラモデル 프라모델　夢 꿈　出演 출연　本 책　息子 아들
ゲーム 게임　とても 아주　学生時代 학창 시절　フィギュア 피규어

3 ～することができます。/ できません。

～할 수가 있습니다. / 없습니다.

- 田中さんは 1000メートルを 泳ぐことが できます。
- え、中国語も 話すことが できますか。
- 今日は サッカーの 練習を することが できません。
- そんなに 高い山を 登ることは できません。

4 ～で　～로 (수단)

- 新幹線で 東京に 行きます。
- 韓国は はさみで 肉を 切ります。
- 色鉛筆で 絵を 描きます。

 1000メートル 1000미터　中国語 중국어　練習 연습　高い山 높은 산　はさみ 가위　肉 고기　色鉛筆 색연필
絵 그림

🐱 연습문제

보기 와 같이 연습해 봅시다.

보기

1 有名な 作家に なる

Ⓐ 夢は 何ですか。

Ⓑ <u>有名な 作家に なる</u> ことです。

---

① 世界旅行を する

② エベレストに 登る

③ すてきな 人に 会う

④ 大きい 犬を 飼う

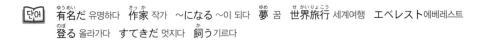

단어 　有名だ 유명하다　作家 작가　～になる ～이 되다　夢 꿈　世界旅行 세계여행　エベレスト 에베레스트

登る 올라가다　すてきだ 멋지다　飼う 기르다

56

2 **動物を飼う**

Ⓐ **動物を飼う** ことが好きですか。

Ⓑ1 はい、とても好きです。

Ⓑ2 いいえ、あまり好きじゃないです。

보기

❶ 車を運転する

❷ 動物園に行く

❸ 外国人の友達と付き合う

❹ 一人で旅行する

単어 **動物** 동물 **運転する** 운전하다 **動物園** 동물원 **外国人** 외국인 **付き合う** 사귀다 **一人で** 혼자서
旅行する 여행하다

🐱 연습문제

보기 와 같이 연습해 봅시다.

---

3 寮で 料理を 作る

보기

Ⓐ 寮で 料理を 作る ことが できますか。

Ⓑ1 はい、できます。

Ⓑ2 いいえ、できません。

---

① 新幹線で お弁当を 食べる

② コンビニで 両替する

③ 宅配便で 送る

④ 国際電話を かける

단어 お弁当 도시락　両替する 환전하다　宅配便 택배　送る 보내다　国際電話 국제전화　かける (전화를)걸다

58

보기 와 같이 연습해 봅시다.

보기

4 空港まで バスで 行く・電車

Ⓐ 空港まで バスで 行く ことが できますか。

Ⓑ あ、バスでは たぶん 行くことが できません。
  でも、電車で 行く ことは できますよ。

① 料金を クレジットカードで 払う・現金

② チケットを 電話で 予約する・インターネット

③ この ファイルを スマホで 見る・パソコン

④ レジ袋で ごみを 捨てる・この ごみ袋

단어 空港 공항　たぶん 아마　電車 전철　料金 요금　現金 현금　クレジットカード 신용카드　払う 지불하다
チケット 티켓　予約する 예약하다　インターネット 인터넷　ファイル 파일　スマホ 스마트폰
レジ袋 비닐봉지(슈퍼나 편의점에서 물건을 담을 때 사용하는 봉지)　ごみ 쓰레기　捨てる 버리다　ごみ袋 쓰레기 봉투

🍎 Activity (A역할)

1. 당신은 B 씨와 도요타 씨, 그리고 혼다 씨까지 함께 4명이서 만나기로 했습니다. 당신은 도요타 씨와는 친구이지만 혼다 씨는 처음 만납니다. 혼다 씨에 대해서 B 씨에게 물어보고 메모해 봅시다. 아래 그림을 참고하여 도요타 씨를 B 씨에게도 소개해 주세요.

	とよた 豊田さん	ほんだ 本田さん
すきなこと 좋아하는 일		
できること 할 수 있는 일		
できないこと 할 수 없는 일		

2. 당신이 좋아하는 일이나 할 수 있는 일을 일본어로 작문한 다음 발표해 봅시다.

じこ 自己PR 자기PR

🍎 Activity (B역할)

1. 당신은 A 씨와 도요타 씨, 그리고 혼다 씨까지 함께 4명이서 만나기로 했습니다. 당신은 혼다 씨와는 친구이지만 도요타 씨는 처음 만납니다. 도요타 씨에 대해서 A 씨에게 물어보고 메모해 봅시다. 아래 그림을 참고하여 혼다 씨를 A 씨에게도 소개해 주세요.

	豊田さん	本田さん
すきなこと 좋아하는 일		
できること 할 수 있는 일		
できないこと 할 수 없는 일		

2. 당신이 좋아하는 일이나 할 수 있는 일을 일본어로 작문한 다음 발표해 봅시다.

自己PR 자기PR

🐱 회화 1

김유나와 사토가 전화로 취미에 대해 이야기하고 있다.

佐藤淳 　ユナさん、他には 何を したいですか。大阪で。

キムユナ 　そうですね……。やっぱり 写真を たくさん 撮りたいです。

　　　　　私の 趣味は 写真を 撮ることです。

佐藤淳 　そうですか。

キムユナ 　その 写真を SNSに アップすることが 好きです。

佐藤淳 　どの SNSに アップしますか。「インスタグラム」?

キムユナ 　いいえ、「ツイッター」です。

단어 **他には** 다른 것은　**やっぱり** 역시　**趣味** 취미　**SNSに アップする** SNS에 업로드하다　**インスタグラム** 인스타그램
ツイッター 트위터

🐱 회화 2

김유나와 사토가 전화로 좋아하는 노래에 대해 이야기하고 있다.

キムユナ	あ、それから カラオケに 行きたいです。
佐藤 淳	へえ。ユナさんは 歌が 上手ですか。
キムユナ	あまり 上手じゃないですが、歌を 歌うことが とても 好きです。
佐藤 淳	でも、韓国語の 歌が あるかな……?
キムユナ	私、日本語で 歌を 歌うことが できます。 日本の 歌が 大好きです。
佐藤 淳	そうですか。日本の 歌手は 誰が 好きですか。
キムユナ	ホシノ ケンです。
佐藤 淳	へえ。あの 歌手の 歌は けっこう 難しいですよね。 すごいですね。
キムユナ	はい。やっぱり ラップの 部分は 歌うことが できません。

単어　それから 그리고　カラオケ 노래방　上手だ 잘한다　でも 그렇지만　～かな ～일까?　歌を 歌う 노래를 부르다
大好きだ 매우 좋아하다　歌手 가수　へえ 허~(추임새)　けっこう 꽤　難しい 어렵다　ラップ 랩　部分 부분

사진으로 보는 일본문화

住居 _{じゅうきょ} 주거

▶ 일본 주택가의 모습

▶ 일본 주택 단지의 모습

▶ 일본의 전통 주택

▶ 和室 _{わしつ} 일본식 거실

▶ こたつ 코타츠(일본의 난방기구)

▶ 욕실과 분리된 일본의 화장실

<ruby>母<rt>はは</rt></ruby>に もらいました。

학습목표

자신이 주거나 받은 선물에 대해서 이야기할 수 있다.

학습내용

1. (물건)を(사람)に あげます。
2. (물건)を(사람)に もらいます。
3. (사람)が[<ruby>私<rt>わたし</rt></ruby>に] くれます。
4. A(명사)の B(명사)〜が ほしいです。
5. 조사④ : (언어)で…(と<ruby>言<rt>い</rt></ruby>う), (원재료)で (<ruby>作<rt>つく</rt></ruby>る)

🐱 문법포인트

1 (물건)을 (사람)에 あげます. (물건)을/를 (사람)에게 줍니다.

- 私は 友達に パンを あげました。
- 妹は ヤンさんに プレゼントを あげました。
- 鈴木さんは 山田さんに お土産を あげました。

2 (물건)을 (사람)에 もらいます. (물건)을/를 (사람)에게 받습니다.

- 私は 友達に パンを もらいました。
- 妹は ヤンさんに プレゼントを もらいました。
- 息子は 山田さんに お土産を もらいました。

3 (물건)을 (나)에 くれます. (물건)을/를 (나)에게 줍니다.

- 友達が 私に パンを くれました。
- ヤンさんが 妹に プレゼントを くれました。
- 山田さんは 息子に お土産を くれました。

단어　友達 친구　パン 빵　プレゼント 선물　妹 여동생　息子 아들

4 〜が ほしいです。 〜을/를 원합니다.

◈ 私は ノートパソコンが ほしいです。

◈ 結婚の お祝いに 何が ほしいですか。

◈ 指輪は あまり ほしくないです。

5 (언어)で …と いいます。 (언어)로 …라고 합니다.
　　(재료)で 作ります。 (재료)로 만듭니다.

◈ '책'は 日本語で「本」と いいます。

◈ 木で 椅子を 作ります。

◈ カルボナーラは 牛乳で 作ります。

単語 ノートパソコン 노트북　結婚 결혼　お祝い 축하　指輪 반지　本 책　木 나무　椅子 의자　カルボナーラ 까르보나라
牛乳 우유

🐱 연습문제

보기 와 같이 연습해 봅시다.

보기

1 友達の 誕生日・手作りの ケーキ・友達

Ⓐ 友達の 誕生日に 何を あげましたか。
Ⓑ 手作りの ケーキを あげました。
Ⓐ いいですね。友達は 喜びましたか。
Ⓑ はい、とても 喜びました。

❶ ご両親の 銀婚式・銀のスプーン・ご両親

❷ 引っ越しの あいさつ・タオル・隣の人

❸ 母の日のプレゼント・花・お母さん

❹ クリスマスプレゼント・指輪・彼女

단어 誕生日 생일 手作り 수제 ケーキ 케익 喜ぶ 기뻐하다 銀婚式 은혼식(결혼 25주년) 銀のスプーン 은 숟가락
引っ越し 이사 あいさつ 인사 タオル 타올 隣の人 이웃 사람 母の日 어머니의 날 花 꽃
クリスマス 크리스마스 指輪 반지

보기 와 같이 연습해 봅시다.

보기

2 父・ノートパソコン・お母さん・母

Ⓐ 誕生日に 何を もらいましたか。

Ⓑ 父に ノートパソコンを もらいました。

Ⓐ へえ、いいですね。お母さんにも 何か もらいましたか。

Ⓑ いいえ、母は 何も くれませんでした。

---

❶ 娘・手袋・息子さん・息子

❷ 佐藤さん・マカロン・木村さん・木村さん

❸ 兄・本・弟さん・弟

❹ 姉・ギフトカード・妹さん・妹

단어　父 아버지　ノートパソコン 노트북　お母さん(母) 어머니　何か 무언가　何も 아무것도　娘 딸　手袋 장갑
息子さん 아드님　マカロン 마카롱　兄 형/오빠　本 책　弟さん 남의 남동생　姉 누나/언니　ギフトカード 상품권
妹さん 남의 여동생

연습문제

보기 와 같이 연습해 봅시다.

> 보기
>
> **3** ヘアピン・母
>
> Ⓐ その ヘアピン、いいですね。
> Ⓑ 母が くれました。
> よかったら あげますよ。ふたつ ありますから。
> Ⓐ え、本当ですか。ありがとうございます。

① マグカップ・田中さん

② ハンカチ・祖母

③ キーホルダー・姉

④ 万年筆・伯父

단어 ヘアピン 헤어핀 よかったら 마음에 들었으면 ふたつ 두 개 マグカップ 머그컵 ハンカチ 손수건 祖母 할머니
キーホルダー 키홀더 姉 언니, 누나 万年筆 만년필 伯父 큰아버지

70

보기

4 　車(くるま)

Ⓐ 今(いま)、一番(いちばん) ほしい ものは 何(なん)ですか。

Ⓑ そうですねえ……。車(くるま)が 一番(いちばん) ほしいですね。

❶ ゲーム機(き)

❷ かわいい ペット

❸ 新(あたら)しい スマホ

❹ 自転車(じ てんしゃ)

단어　車(くるま) 자동차　今(いま) 지금　一番(いちばん) 가장　ゲーム機(き) 게임기　かわいい 귀엽다　ペット 애완동물　新(あたら)しい 새롭다
　　　自転車(じ てんしゃ) 자전거

🐱 회화 1

🎧 TRACK 5

사토와의 통화를 끝낸 김유나는 게스트하우스에서 다나카 씨와 이야기하고 있다.

田中一郎　明日は 何時に 佐藤君と 会うんですか。

キムユナ　10時に 大阪駅で 待ち合わせを しました。

田中一郎　そうですか。楽しみですね。

　　　　　あ、そうそう、これ あげます。

キムユナ　え、何ですか。

田中一郎　お守りです。私の 娘が 和紙で 作りました。

キムユナ　わあ！ きれい！ 娘さん、すごい！ 器用ですね。

田中一郎　どれでも ひとつ どうぞ。

📕 **단어**　待ち合わせ 만나는 약속　楽しみですね 기대가 되네요　そうそう 맞다(생각났을 때 말하는 맞장구)　お守り 부적
和紙 일본 고유의 제조법으로 만든 종이　きれいだ 예쁘다　娘さん 따님　器用だ 솜씨가 좋다　どれでも 아무거나
ひとつ どうぞ 한 개 가지고 가세요

🐱 회화 2

게스트하우스 라운지에서 김유나와 다나카가 서로 선물을 교환하고 있다.

キムユナ	えっと、じゃあ……これを もらいます。ありがとうございます。
	じゃあ、お返_{かえ}しに、これを 娘_{むすめ}さんに あげます。
田中一郎 た なかいち ろう	これは 何_{なん}ですか。
キムユナ	巾着袋_{きんちゃくぶくろ}です。韓国語_{かんこく ご}で「ポクジュモニ」と 言_いいます。
	私_{わたし}も 母_{はは}に もらいました。
田中一郎 た なかいち ろう	ひょっとして、その 髪飾_{かみかざ}りも？
キムユナ	はい。母_{はは}が 私_{わたし}と 妹_{いもうと}に くれました。
田中一郎 た なかいち ろう	いい お母_{かあ}さんですね。
キムユナ	はい、とても いい 母_{はは}です。次_{つぎ}は ピアスが ほしいです。

おかえし

単語 えっと 저어(말이나 생각이 나지 않을 때 내는 소리) お返_{かえ}し 답례 巾着袋_{きんちゃくぶくろ} 복주머니 髪飾_{かみかざ}り 머리 장식 次_{つぎ} 다음
ピアス 피어스

🍎 **Activity**

1. A와 B로 역할을 나눠서 짝과 같이 이야기해 봅시다. (   )에는 「あげる/もらう/く
れる」를 적당한 형태로 바꿔서 넣고, ☐ 에 들어갈 생일 선물을 자유롭게 생각해
봅시다.

A 来週の 金曜日、松田さんの 誕生日ですね。

   Bさんは 松田さんに 何を (　　　　　　　　　)か。

B うーん、そうですねえ。

   Aさんは、去年は 何を (　　　　　　　　)か。

A 私は ☐ を (　　　　　　　　　)。Bさんは？

B 私は ☐ を (　　　　　　　)。

   それで 私の誕生日に 松田さんが ☐ を (　　　　　　　)。

A ああ！ そういえば 私も 誕生日に ☐ を 松田さんに

   (　　　　)。

   松田さんは、私の 双子の 妹にも プレゼントを (　　　　　　　)。

B そうですか。……うーん、今年は どうしようかな。

A 今年は 二人で 一緒に プレゼントしませんか。

B あ、それ いいですね。二人なら ちょっと いいものを (　　　　　　　)

   ことが できますね！

단어   誕生日 생일   去年 작년   そういえば 그러고 보니   双子 쌍둥이   妹 여동생   今年 올해   二人で 둘이서
なら (이)면   ちょっと いいもの 조금 좋은 것

2. 주변 사람들이 주고 받은 물건을 그림으로 나타낸 것입니다. 그림을 보고 주어에 알맞게 문장을 만들어 봅시다.

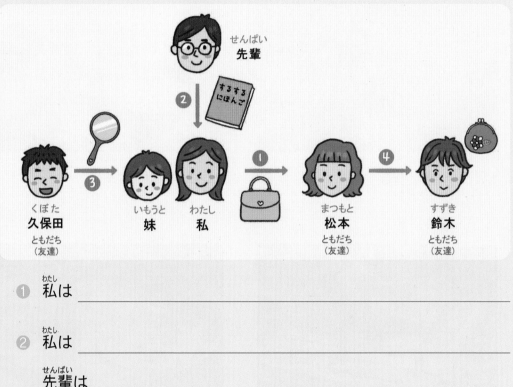

① 私は _____

② 私は _____

　先輩は _____

③ 久保田さんは _____

　妹は _____

④ 松本さんは _____

　鈴木さんは _____

단어 先輩 선배

사진으로 보는 일본문화

<ruby>食習慣<rt>しょくしゅうかん</rt></ruby> 식습관

▶ 일본인의 식사 모습

▶ 전형적인 일본의 조식

▶ <ruby>回転寿司<rt>かいてんずし</rt></ruby> 회전초밥

▶ ラーメン 라멘

▶ たこ<ruby>焼<rt>や</rt></ruby>き 타코야키

▶ <ruby>納豆<rt>なっとう</rt></ruby> 낫토

水族館<ruby>すい</ruby><ruby>ぞく</ruby><ruby>かん</ruby>まで 行<ruby>い</ruby>って ください。

이럴 땐 어떻게 말할까요?

?

학습목표

1. 상대방에게 부탁할 수 있다.
2. 자신의 행동을 자세하게 말할 수 있다.

학습내용

1. 동사 て형
2. すみません(が)、〜て ください。
3. 〜て、…ます。
4. 〜てから、…ます。
5. 조사⑤ : (장소)から (장소)まで

🐱 문법포인트

1 동사 〜て형   〜하고/해서

동사 〜て형 만드는 방법

❶ **1그룹** : 끝음절을 음편형으로 바꾸고 「て」를 붙인다.

〜~~つ~~、~~る~~、~~う~~	〜って	待つ → 待って
〜~~ぶ~~、~~ぬ~~、~~む~~	〜んで	飲む → 飲んで
〜~~く~~、~~ぐ~~	〜いて、〜いで	書く → 書いて 泳ぐ → 泳いで
〜~~す~~	〜して	話す → 話して

예외! 行く → 行って

❷ **2그룹** : 「る」를 없애고 「て」를 붙인다.
　　　　 食べ~~る~~ → 食べて
　　　　 起き~~る~~ → 起きて

❸ **3그룹** 「来る」「する」→ 来て、して

2 すみませんが、〜て ください。　미안합니다만 〜해 주세요.

◈ すみませんが、もう少し 待って ください。

◈ すみませんが、ここに 名前を 書いて ください。

◈ すみませんが、ゆっくり 話して ください。

단어　もう少し 조금만 더　ここ 여기　名前 이름　ゆっくり 천천히

3 ～て、…ます。 ～하고 …합니다.

◈ シャワーを して 10時に 寝ます。

◈ 日本に 来て たくさん 友達が できました。

◈ 中国に 行って、韓国に 行って、そして 日本に 帰ります。

4 ～てから、…ます。 ～하고 나서 …합니다.

◈ もう少し テレビを 見てから 寝ます。

◈ 自分で 考えてから 先生に 質問して ください。

◈ 朝7時に 起きて ジョギングを してから 朝ご飯を 食べます。

5 (장소)から (장소)まで (장소)에서 (장소)까지

◈ 明日、大阪から 東京まで 車で 行きます。

◈ ここから 駅まで 何分ぐらい かかりますか。

◈ 毎日 家から 学校まで 歩きます。

단어 | シャワー 샤워　たくさん 많이　中国 중국　テレビ 텔레비전　自分で 스스로　質問 질문　朝ご飯 아침밥　駅 역
ぐらい 정도　毎日 매일　家 집

🐱 연습문제

<ruby>보기<rt></rt></ruby> 와 같이 연습해 봅시다.

1

<ruby>友<rt>とも</rt></ruby>だちを <ruby>呼<rt>よ</rt></ruby>ぶ・<ruby>一緒<rt>いっしょ</rt></ruby>に <ruby>遊<rt>あそ</rt></ruby>ぶ
→ <ruby>友<rt>とも</rt></ruby>だちを <ruby>呼<rt>よ</rt></ruby>んで <ruby>一緒<rt>いっしょ</rt></ruby>に <ruby>遊<rt>あそ</rt></ruby>びます。

<ruby>보기<rt></rt></ruby>

❶ <ruby>部屋<rt>へ や</rt></ruby>を <ruby>掃除<rt>そう じ</rt></ruby>する・<ruby>出掛<rt>で か</rt></ruby>ける

❷ ちょっと <ruby>休<rt>やす</rt></ruby>む・また <ruby>歩<rt>ある</rt></ruby>く

❸ <ruby>料理<rt>りょう り</rt></ruby>を <ruby>作<rt>つく</rt></ruby>る・ルームメイトと <ruby>食<rt>た</rt></ruby>べる

❹ お<ruby>風呂<rt>ふ ろ</rt></ruby>に <ruby>入<rt>はい</rt></ruby>る・<ruby>音楽<rt>おんがく</rt></ruby>を <ruby>聞<rt>き</rt></ruby>く

단어 <ruby>遊<rt>あそ</rt></ruby>ぶ 놀다 <ruby>部屋<rt>へ や</rt></ruby> 방 <ruby>掃除<rt>そう じ</rt></ruby>する 청소하다 <ruby>出掛<rt>で か</rt></ruby>ける 외출하다 <ruby>休<rt>やす</rt></ruby>む 쉬다 また 또, 다시 <ruby>歩<rt>ある</rt></ruby>く 걷다 <ruby>料理<rt>りょう</rt></ruby> 요리
ルームメイト 룸메이트 <ruby>音楽<rt>おんがく</rt></ruby> 음악 <ruby>聞<rt>き</rt></ruby>く 듣다

보기

2 バスに 乗る・箱根に 行く・ハイキングを する・お土産を 買う

Ⓐ これから 何を しますか。

Ⓑ バスに 乗って 箱根に 行きます。

Ⓐ その 後は 何を しますか。

Ⓑ ハイキングを して お土産を 買います。

❶ 新宿に 行く・友達に 会う・コーヒーを 飲む・買い物を する

❷ 窓を 開ける・部屋を 掃除する・お弁当を 買う・昼ごはんを 食べる

❸ 顔を 洗う・歯を 磨く・パジャマに 着替える・本を読む

❹ 家を 出る・バス停まで 歩く・バスに 乗る・博物館へ 行く

단어 箱根 하코네 これから 이제 窓 창 開ける 열다 昼ごはん 점심밥 着替える 갈아입다 顔 얼굴 洗う 씻다
歯 이 磨く 닦다 パジャマ 파자마 家 집 出る 나가다 バス停 버스정류장 博物館 박물관

🐱 연습문제

보기 와 같이 연습해 봅시다.

3 野菜を 洗う

ⓐ 野菜を 洗って ください。
ⓑ 野菜を 洗うんですね。わかりました。

① 野菜を 切る

② 肉と 野菜を 炒める

③ カレーの ルウを 入れる

④ 30分 煮込む

단어 **野菜** 야채 **洗う** 씻다 **切る** 썰다 **肉** 고기 **炒める** 볶다 **カレーのルウ** 카레 루(밀가루를 기름이나 버터로 지진 것으로 카레를 걸쭉하게 만든 것) **入れる** 넣다 **煮込む** 푹 끓이다

보기

4 本_{ほん}を 買_かう・本_{ほん}を 読_よむ・感想文_{かんそうぶん}を 書_かく

Ⓐ 昨日_{きのう}、何_{なに}を しましたか。
Ⓑ <u>本_{ほん}を 買_かって</u> 家_{いえ}に 帰_{かえ}りました。
Ⓐ それから 何_{なに}を しましたか。
Ⓑ <u>本_{ほん}を 読_よんでから</u> <u>感想文_{かんそうぶん}を 書_かき</u>ました。

❶ 買_かい 物_{もの}を する・料理_{りょうり}を 作_{つく}る・友_{とも}だちと 食_たべる

❷ 病院_{びょういん}に 行_いく・薬_{くすり}を 飲_のむ・寝_ねる

❸ ビールを 買_かう・お風呂_{ふろ}に 入_{はい}る・ビールを 飲_のむ

❹ ドライブする・ブログを 書_かく・シャワーをする

단어 感想文_{かんそうぶん} 감상문　家_{いえ} 집　帰_{かえ}る 돌아가다　買_かい 物_{もの}を する 쇼핑하다, 장보다　病院_{びょういん} 병원　薬_{くすり} 약　ドライブする 드라이브를
하다　ブログ 블로그

🐱 회화 1

🎵 TRACK 6

오사카역에 도착한 김유나에게 사토로부터 전화가 걸려 온다.

佐藤 淳 もしもし ユナさん。すみません、忘れ物を しました。
一度 家に 帰ってから、そっちに 行きます。

キムユナ はい。わかりました。私は 大丈夫ですから、ゆっくり 来て く
ださい。

<오사카역 안 타르트 집에서>

店員 いらっしゃいませ。

キムユナ どれも おいしそう……。これと これ、ください。

店員 はい。少々 お待ちください。

キムユナ あ、すみません。袋を 別々に して ください。

- -

📖 **단어** 忘れ物を する 집에 두고 오다 一度 한 번 家 집 帰る 돌아가다 そっち 그쪽 ゆっくり 천천히
いらっしゃいませ 어서 오세요 どれも おいしそう 다 맛있어 보인다 少々 お待ちください 잠시 기다리세요
袋を 別々に して ください 따로따로 담아 주세요

🐾 회화 2

김유나는 오사카역에서 택시를 타고 사토와의 약속 장소로 향한다.

佐藤 淳 もしもし ユナさん、タクシーに 乗って、水族館まで 来ること が できますか。水族館で 会いましょう。

キムユナ はい。わかりました。日本の タクシーは初めてですが、がんば ります！

<택시 안에서>

運転手 どちらまでですか。

キムユナ 海遊館まで行ってください。

運転手 はい、わかりました。お客さん、観光ですか。

キムユナ はい。先週韓国から来て、東京で遊んで、今日大阪に来ました。

運転手 そうですか。大阪では何をするんですか。

キムユナ 今日は水族館に行って、それからカラオケに行って 歌を歌います。

단어 タクシー 택시　水族館 수족관　初めて 처음　がんばります 열심히 하겠습니다　どちら 어디(どこ)의 정중 표현 海遊館 가이유칸(오사카에 있는 큰 수족관)　お客さん 손님　観光 관광　カラオケ 노래방

🍎 Activity

1. 갑작스러운 사고를 당한 A는 당분간 청소 업체를 이용하여 집안일을 해결하기로 했습니다. 아래 그림을 보고 부탁해야 할 일을 일본어로 적어봅시다.

① _____

② _____

③ _____

④ _____

⑤ _____

⑥ _____

⑦ _____

⑧ _____

2. (롤플레이) 1에서 적은 일을 참고하여 업체 직원(B)와 이야기해 봅시다.

A すみませんが、掃除機を かけて ください。

B 掃除機を かけるんですね。わかりました。

A それから/あと、床を 雑巾で 拭いて ください。

B 床を 雑巾で 拭くんですね。わかりました。

(그 외 다른 집안일도 부탁해 주세요.)

A じゃ、お願いします。

B わかりました。任せて ください！

3. 당신은 평소에 몇 시에 일어납니까? 일어나서 무엇을 합니까?
   당신의 하루를 일본어로 자세하게 적은 후 발표해 봅시다.
   (～て、…ます, ～てから、…ます, 시간 등 지금까지 배운 문법을 사용할 것)

私の 一日　나의 하루

단어　掃除機を かける 청소기를 밀다　～んですね 상대방에게 들은 정보를 전체로 하여 곧바로 확인할 때 사용

それから 그리고/그 다음에　あと 그리고/그 다음에　床 바닥　雑巾で 拭く 걸레로 닦다　任せてください 맡겨 주세요

アニメキャラクター 애니메이션 캐릭터

▶ Akiba(아키하바라)에 있는 샵

▶ コミックマーケット 코믹마켓

▶ コスプレ 코스프레

▶ 서점에 진열되어 있는 만화책

▶ 일본에서 큰 인기가 있는 주간 소년 만화 '점프' 축제에 참여한 모습

韓国の 南に 住んでいます。

이럴 땐 어떻게 말할까요?

?

학습목표

1. 자신이 지금 무엇을 하고 있는지 현재 상태를 말할 수 있다.
2. 허가를 구할 수 있다

학습내용

1. 〜て います。(동작의 진행)
2. 〜て います。(현재의 상태)
3. 〜ても いいですか。/ はい、どうぞ。/ すみません、ちょっと…。
4. (い형용사)く なる /(な형용사, 명사)に なる

🐱 문법포인트

1 ～て います。　～하고 있습니다.(동작의 진행)

歩く	泳ぐ	書く	考える	食べる	散る
泣く	走る	(風が)吹く	(雨が)降る	見る	読む

◈ キムさんは 今 映画を 見て います。

◈ 妹ですか。隣の 部屋で 本を 読んで いますけど。

◈ 桜の 花びらが はらはらと 散って いました。

2 ～て います　～해져 있습니다.(현재의 상태)

落ちる	消える	(服を)着る	死ぬ	閉まる	知る
住む	(電気が)つく	開く	止まる	割れる	

◈ 妹は アメリカに 住んで います。

◈ 窓が 開いて いますから、涼しいです。

◈ あ、先生の 部屋の 電気が ついて いますね。

단어　部屋 방　～(ます)けど。(～습니다)만　桜 벚꽃　花びら 꽃잎　はらはらと 팔랑팔랑　アメリカ 미국　窓 창문
～から ～기 때문에　涼しい 시원하다　電気 불(전기)

90

3 〜ても いいですか。　〜해도 됩니까?

はい、どうぞ。　네, 〜하세요.

すみません、ちょっと…　미안합니다만 …은/는 좀 그래요.

◆ A : 機内で スマホ 使っても いいですか。

　　B : すみません、ちょっと……。

◆ A : ちょっと 休んでも いいですか。

　　B : はい、どうぞ。

◆ A : おいしそう、ちょっと 食べてみても いいですか。

　　B : はい、どうぞ。 / すみません、ちょっと……。

4 (い형용사)く なる / (명사・な형용사)に なる　〜해지다.

◆ 恥ずかしくて、顔が 赤く なりました。

◆ 彼は 今年 二十歳に なります。

◆ 二人は 結婚して、幸せに なりました。

단어　機内 기내　スマホ 스마트폰　おいしそう 맛있겠다　恥ずかしい 부끄럽다　顔 얼굴　赤い 빨갛다　彼 그, 남자친구

今年 올해　二人 두 사람　幸せだ 행복하다

🐱 연습문제

와 같이 연습해 봅시다.

1 보기

学食・ご飯を 食べる

Ⓐ 鈴木さんは 何を して いますか。
Ⓑ 今、学食で ご飯を 食べて います。

① ホテルの ロビー・外国人と 話す

② 居酒屋・お酒を 飲む

③ 部屋・メールを 書く

④ ジム・運動する

2 部屋の 電気が つく → 部屋の 電気が ついて います。

① 家の 前に 車が 止まる

② 玄関の 前に 鍵が 落ちる

③ 部屋の 窓が 開く

④ 車の 窓が 割れる

단어 学食 학생 식당 ご飯 밥 ホテルの ロビー 호텔 로비 外国人 외국인 話す 대화하다 居酒屋 술집 お酒 술
ジム 헬스장 運動する 운동하다 つく 붙다(켜지다) 止まる 서다(멈추다) 玄関 현관 落ちる 떨어지다
開く 열리다 割れる 깨지다

92

보기 와 같이 연습해 봅시다.

보기

3 あそこに 立つ・スーツを 着る・ネクタイを する

Ⓐ あそこに 立って いる 人は 誰ですか。

Ⓑ え、誰ですか。

Ⓐ ほら、あそこの、スーツを 着て ネクタイを して いる 人ですよ。

Ⓑ ああ、4年生の 安田さんですね。

❶ あそこで 笑う・ワンピースを 着る・ハイヒールを はく

❷ あそこに 座る・スカーフを する・サングラスを かける

❸ あそこに 立つ・茶色の セーターを 着る・腕時計を する

❹ あそこで 腕組みを する・コートを 着る・帽子を かぶる

단어 立つ 서다 スーツ 정장 着る 입다 ネクタイを する 넥타이를 매다 ほら 주의를 환기시킬 때 사용함 笑う 웃다
ワンピース 원피스 ハイヒール 하이힐 はく 신다 座る 앉다 スカーフ 스카프 サングラス 선글라스 茶色 갈색
セーター 스웨터 腕時計 손목시계 腕組みを する 팔짱을 끼다 コート 코트 かぶる 쓰다

😺 연습문제

보기 와 같이 연습해 봅시다.

보기

4
窓を 開ける・ドアを 閉める
Ⓐ すみません、この 窓を 開けても いいですか。
Ⓑ はい、どうぞ。
Ⓐ この ドアを 閉めても いいですか。
Ⓑ すみませんが、それは ちょっと……。

❶ ペンを 借りる・地図を もらう

❷ 椅子に 座る・テーブルを 使う

❸ スープを 温める・魚を 焼く

❹ 傘を 借りる・傘を 友達に 貸す

단어　ドア 문　閉める 닫다　地図を もらう 지도를 가져가다　借りる 빌리다　椅子 의자　テーブル 테이블　使う 사용하다　スープ 수프　温める 데우다　魚 생선　焼く 굽다　傘 우산　貸す 빌려주다

94

보기

5
暑い → 暑く なりました。
元気だ → 元気に なりました。

❶ A：日本語が 上手だ → ＿＿＿＿＿＿＿＿＿＿＿＿＿ ね。

B：いいえ、まだまだです。

❷ A：仕事が 増えて 忙しい → ＿＿＿＿＿＿＿＿＿＿＿＿ 。

B：そうですか、頑張って ください。

❸ A：部屋が 暑い → ＿＿＿＿＿＿＿＿＿＿＿＿＿ ね。

B：クーラーを つけましょうか。

❹ A：石田さんは 有名人だ → ＿＿＿＿＿＿＿＿＿＿＿＿ よ。

B：石田さん、これから 忙しく なりますね。

単어 暑い 덥다　元気だ 건강하다　上手だ 잘하다　まだまだ 아직　仕事 일(업무)　増える 늘다　忙しい 바쁘다
頑張る 분발하다(힘내다)　クーラーを つける 에어컨을 켜다　有名人 유명인　これから 앞으로(지금부터)

🐱 회화 1

택시 안에서 김유나와 기사가 이야기하고 있다.

キムユナ	運転手さん、すみませんが、窓を 開けてもいいですか。
運転手	はい、どうぞ。
キムユナ	すみません。ちょっと 暑くて。
運転手	今日は 暖かいですね。お客さん、韓国の 方ですか。
キムユナ	はい。韓国の 南に 住んでいます。
運転手	ひょっとして 釜山ですか。
キムユナ	いいえ、大邱という ところです。 釜山から 車で 一時間くらいです。
運転手	そうですか。 それにしても お客さん、日本語が お上手ですね。
キムユナ	いえ、まだまだです。でも 一生懸命 勉強しています。

プサンから
いちじかん
です。

大邱(テグ)
一時間
釜山
(プサン)

단어 　運転手さん 기사님　暖かい 따뜻하다　韓国の 方 한국 분　南 남쪽　住む 살다　～くらい 정도　それにしても 그나저나
日本語が お上手ですね 일본어를 잘하시네요　まだまだです 아직 멀었어요　一生懸命 열심히

🐱 회화 2

택시를 타고 가는 중에 사토에게서 전화가 온다.

キムユナ	もしもし、淳さん。
佐藤 淳	ユナさん、今 どこですか。
キムユナ	今 タクシーで 水族館に 向かって います。
佐藤 淳	そうですか。僕は 入り口に います。
キムユナ	私も もうすぐ 水族館に 着きます。ひょっとして 淳さん、茶色 の コートを 着て いますか。淳さんが 見えました。
佐藤 淳	え、そうですか。あ、あの タクシーかな。 じゃ、電話を 切りますよ。
キムユナ	はーい。(전화를 끊는다) ハ、ハ、ハックション！
運転手	お客さん、大丈夫ですか。
キムユナ	あ、はい。ちょっと 寒くなりました。窓閉めます。

海遊館
（かいゆうかん）

📖 **단어** 向かう 향하다 入り口 입구 もうすぐ 이제 곧 着く 도착하다 見える 보이다 電話を 切る 전화를 끊다
ハックション 에취 寒い 춥다

🍎 Activity (A역할)

1. 당신은 지금 게스트하우스 라운지에 있습니다. 아래 행동을 하기 전에 같은 공간에 있는 다른 게스트(B)에게 물어보세요.

2. 당신은 공공장소에서 일하는 직원입니다. 손님(B)에게 아래 행동을 해도 되는지 알려 주세요.

단어 힌트

電気を つける / 図書館の 飲み物を 飲む / ハンバーガーを 食べる / ここに ペットを 連れてくる / 窓を 閉める / 店の 中の 写真を 撮る

---

3. B한테 일본어로 인터뷰해 봅시다.

1	어디에 살고 있습니까?
2	무엇을 전공하고(공부하고) 있습니까?
3	오늘은 어떤 옷차림(どんな かっこう)을 하고 있습니까?

🍎 Activity (B역할)

1. 당신은 지금 게스트하우스 라운지에 있습니다. 같은 공간에 있는 다른 게스트(A)가 아래 행동을 해도 되는지 물어보면 OK or NG를 그림을 보면서 대답하세요.

2. 당신은 공공장소에 있습니다. 직원(A)에게 아래 행동을 해도 되는지 물어보세요.

단어 힌트

電気を つける / 図書館の 飲み物を 飲む / ハンバーガーを 食べる / ここに ペットを 連れてくる / 窓を しめる / 店の 中の 写真を 撮る

3. A한테 일본어로 인터뷰해 봅시다.

1	어디에 살고 있습니까?
2	무엇을 전공하고(공부하고) 있습니까?
3	오늘은 어떤 옷차림(どんな かっこう)을 하고 있습니까?

사진으로 보는 일본문화

七五三 _{しちごさん} 시치고산

▶ 신사에 참배하러 온 가족

▶ 시치고산을 맞이한 남매의 모습

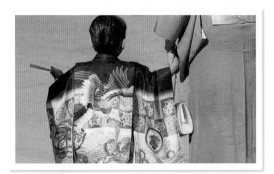
▶ 기모노를 입은 남자 아이

▶ 신사에서 기도를 받는 사람들의 모습

▶ 시치고산을 축하하는 에마

▶ 千歳あめ _{ちとせ} 치토세아메

お兄(にい)さんは 結婚(けっこん)して いますか。

이럴 땐 어떻게 말할까요?

学習目標

1. 자신의 가족에 대해 이야기하고, 상대방의 가족에 대해서 질문할 수 있다.
2. 무엇을 이미 하고, 무엇을 하지 않았는지 이야기할 수 있다.

学習内容

1. 結婚(けっこん)して います。/ ～に 似(に)て います。
2. ～を 知(し)っていますか。/ はい、知(し)って います。/ いいえ、知(し)りません。
3. もう～ましたか。/ はい、もう～ました。/ いいえ、まだ～て いません。
4. 가족 명칭(나의 가족, 남의 가족)

🐱 문법포인트

> **1**　結婚して います。　결혼했습니다.
> 　　　～に 似て います。　～를 닮았습니다.
>
> ☞ 한국어 '결혼했어요'는 두 가지 의미를 가진다.
> ☞ 「似る」는 '본래의 상태'를 나타내며 「～に 似て いる」와 같이 「～て いる」의 형태로 사용한다.

◈ 3年前に 結婚しました。(과거의 동작)

◈ 先生は 結婚して います。(현재의 상태)

◈ ヤンさんは お父さんに 似て います。

> **2**　～を知っていますか。　～을/를 알고 있습니까?
> 　　　はい、知っています。　네, 알고 있습니다.
> 　　　いいえ、知りません。　아니요, 모릅니다.
>
> → 「知っています」는 '알고 있는 상태'를 나타내며, 부정은 「知っていません」이 아니고 「知りません」이다.

◈ A：犯人の 名前を 知って いますか。

　 B：いいえ、知りません。

◈ A：彼女の 電話番号を 知って いますか。

　 B：はい、知って います / いいえ、知りません。

📖 **단어**　お父さん 아버지　淀川 요도가와 강(오사카를 관류하는 강)　地球 지구　丸い 동글다　犯人 범인　名前 이름

3 もう～ましたか。 이미 ～했습니까?

はい、もう…ました。 네, 이미 했습니다.

いいえ、まだ…ていません。 아니요, 아직～하지 않았습니다.

☞ '이미 ～했습니까 / ～했습니다'는 과거 동작이므로 「～ましたか。/ ました。」

☞ '아직 ～하지 않았습니다'는 현재 상태이므로 「～て いません。」

◆ A：ご飯は もう 食べましたか。　　　B：はい、もう 食べました。

◆ A：英語の 宿題は もう しましたか。　B：いいえ、まだ して いません。

4 가족의 명칭(자신의 가족 / 상대방의 가족)

자신의 가족	상대방의 가족	현장에서 부를 때
祖父	おじいさん	おじいさん
祖母	おばあさん	おばあさん
父	お父さん	お父さん
母	お母さん	お母さん
兄	お兄さん	お兄さん
姉	お姉さん	お姉さん
弟	弟さん	이름으로 예) いちろう
妹	妹さん	이름으로 예) かなこ

◆ 私の 家族は 父と 母と 兄二人と 妹です。

단어　宿題 숙제　家族 가족　元気だ 건강하다　手伝って 도와 줘

🐱 연습문제

보기 와 같이 연습해 봅시다.

보기

1 木村さんの 電話番号・木村さんの 住所

Ⓐ 木村さんの 電話番号を 知って いますか。

Ⓑ はい、知って います。

Ⓐ じゃあ、木村さんの 住所も 知って いますか。

Ⓑ いいえ、それは 知りません。

① 鍵の 開け方・かけ方

② 洗濯機の 使い方・ロッカーの 使い方

③ ごみの 日・ごみの 分け方

④ 建物の 入口・出口

단어 住所 주소　開け方 여는 법　かけ方 잠그는 법　洗濯機 세탁기　使い方 사용법　ロッカー 로커　ごみの日 쓰레기
버리는 날　分け方 분리배출 법　建物 건물　入口 입구　出口 출구

보기 와 같이 연습해 봅시다.

보기

2 お皿・洗う・掃除・する

Ⓐ お皿は もう 洗いましたか。

Ⓑ はい、もう 洗いました。

Ⓐ 掃除も しましたか。

Ⓑ いいえ、まだ して いません。

❶ パーティー・終わる・友達・帰る

❷ メール・読む・返事・書く

❸ 荷造り・する・鍵・返す

❹ パン・焼く・コーヒー・いれる

단어 お皿 접시 洗う 씻다 掃除 청소 終わる 끝나다 返事 답신(대답) 荷造り 짐 정리 返す 돌려주다(반납하다)
焼く 굽다 いれる 차(커피)를 우려내다

🐱 연습문제

보기 와 같이 연습해 봅시다.

보기

3 お父_{とう}さん・父_{ちち}・貿易会社_{ぼうえきがいしゃ}に 勤_{つと}める

Ⓐ この 方_{かた}は <u>お父_{とう}さん</u>ですか。
Ⓑ はい、<u>父_{ちち}</u>です。<u>貿易会社_{ぼうえきがいしゃ}に 勤_{つと}めて</u> います。

① おばあさん・祖母_{そぼ}・田舎_{いなか}に 住_すむ

② お母_{かあ}さん・母_{はは}・病院_{びょういん}で 働_{はたら}く

③ お姉_{ねえ}さん・姉_{あね}・旅行会社_{りょこうがいしゃ}に 勤_{つと}める

④ 弟_{おとうと}さん・弟_{おとうと}・高校_{こうこう}に 通_{かよ}う

[단어] 貿易会社_{ぼうえきがいしゃ} 무역 회사 勤_{つと}める 근무하다 方_{かた} 분 田舎_{いなか} 시골 働_{はたら}く 일하다 旅行会社_{りょこうがいしゃ} 여행사 高校_{こうこう} 고등학교 通_{かよ}う 다니다

보기 에서 다음 회화의 (   )에 들어갈 동사를 고른 후 알맞은 형태로 바꾸어서 짝과 이야기해 봅시다.

보기

4　　　　　　　　結婚する・知る・住む・似る

① A：Bさんは 家族の中で 誰に（①＿＿＿＿＿＿＿＿＿＿＿）か。

　 B：そうですねえ……。私は たぶん 父に（②＿＿＿＿＿＿＿＿＿）

② A：失礼ですが、Bさんは（③＿＿＿＿＿＿＿＿＿）か。

　 B：はい、（④＿＿＿＿＿＿＿＿）

　　　でも、夫は 今、アメリカに（⑤＿＿＿＿＿＿＿＿＿）

③ A：Bさん、久保田さんを（⑥＿＿＿＿＿＿＿＿＿）か。

　 B：はい、（⑦＿＿＿＿＿＿＿）

　　　とても おもしろい人ですよね。

④ A：お姉さんは（⑧＿＿＿＿＿＿＿＿＿＿）か。

　 B：はい、ちょうど 3年前の 今くらいに しました。

단어　そうですねえ 글쎄요　たぶん 아마　失礼ですが 실례합니다만　でも 하지만　夫 남편　アメリカ 미국　とても 아주
おもしろい 재미있다　～よね ～이죠(상대방도 알고 있는 정보에 대해 확인할 때 사용함)　ちょうど 딱　今くらい 지금쯤

🐱 회화 1

김유나와 사토가 수족관 안 휴게실에서 이야기 하고 있다.

キムユナ	あ、そうだ。私の 姉が この間、結婚しました。
佐藤 淳	そうですか。おめでとうございます。
キムユナ	これが 結婚式の 写真です。
佐藤 淳	この人が お姉さんですか。ユナさんに 似て いますね。
キムユナ	よく 言われます。これは 兄です。
佐藤 淳	お兄さんは あまり 似て いませんね。お兄さんは 結婚して いますか。
キムユナ	はい。結婚して います。この子が 甥です。
佐藤 淳	ああ。お兄さんに そっくりだ。

にていますね。

📖 **단어** そうだ 맞다　この間 저번에　おめでとうございます 축하합니다　結婚式 결혼식　よく 言われます 그러한 말을 자주 듣습니다　この子 이 아이　甥 남자 조카　そっくり 쏙 닮음

🐱 회화 2

김유나와 사토가 가족 사진을 보며 이야기 하고 있다.

キムユナ　　　この 人は 私の 母です。ハンボクを 着て います。

佐藤 淳　　　ハンボク？ ハンボクって 何ですか。

キムユナ　　　淳さん、チマチョゴリを 知って いますか。

佐藤 淳　　　チマチョゴリは 知って います。お母さん、チマチョゴリを 着
ていますね。

キムユナ　　　チマチョゴリは ハンボクの 中の ひとつです。チマチョゴリは
女の人の ハンボクです。

佐藤 淳　　　なるほど。それは 知りませんでした。

キムユナ　　　（ぎゅるるる……）それは そうと、淳さん、お昼は もう 食べ
ましたか。

佐藤 淳　　　いいえ、まだ 食べて いません。
じゃ、お昼を 食べに 行きましょう！

 ～って 何ですか「～は 何ですか」(～는 무엇인가요?)의 구어체　なるほど 그렇군(남의 주장을 받아들일 때 사용하는 맞장구)
それはそうと 그건 그렇고　お昼 점심 식사

🍎 Activity (A역할)

1. 당신은 겨울방학에 B와 일본으로 여행을 가기로 했습니다.

1) 여행 준비를 어디까지 했는지 B에게 물어보세요.

2) 아래 그림에서 〇는 준비한 것이고 ×는 아직 준비하지 못한 것입니다. B의 질문에 대답하세요

단어 힌트

お土産を 買う / 薬を 準備する / SIMカードを 買う / 天気予報を 見る / パスポートを 作る / 旅行保険に 入る / ホテルの 電話番号を 調べる / 両替を する

---

2. (작문&발표) 당신의 가족을 소개해 주세요. 작문을 한 후 발표 해 봅시다.
   (형용사, 누구를 닮았는지, 결혼 여부 등 지금까지 배운 문법을 사용할 것)

私の 家族　나의 가족

🍎 Activity (B역할)

1. 당신은 겨울방학에 A와 일본으로 여행을 가기로 했습니다.

1) 아래 그림에서 ○는 준비한 것이고 ×는 아직 준비하지 못 한 것입니다. A의 질문에 대답하세요.

2) 여행 준비를 어디까지 했는지 A에게 물어보세요.

03-1234-XXXX

단어 힌트

お土産を 買う / 薬を 準備する / SIMカードを 買う / 天気予報を 見る / パスポートを 作る / 旅行保険に 入る / ホテルの 電話番号を 調べる / 両替を する

---

2. (작문&발표) 당신의 가족을 소개해 주세요. 작문을 한 후 발표 해 봅시다.
   (형용사, 누구를 닮았는지, 결혼 여부 등 지금까지 배운 문법을 사용할 것)

私の 家族　나의 가족

사진으로 보는 일본문화

儀式②(卒業式、葬式) 의식② (졸업식, 장례식)
(ぎしき) (そつぎょうしき) (そうしき)

▶ 대학교 졸업식의 모습

▶ はかま　하카마

▶ 卒業証明書　졸업증명서
(そつぎょうしょうめいしょ)

▶ 祭壇　제단
(さいだん)

▶ 管 棺
(かん)

▶ 香典　부의금
(こうでん)

聞いたことは ありますが、
食べたことは ありません。

이럴 땐 어떻게 말할까요?

?

학습목표

자신의 경험이나 습관을 이야기할 수 있다.

학습내용

1. (동사)た형
2. ～たことが あります。
3. ～たとき、何を しますか。/ どうしますか。
4. ～たり、…たりします。
5. ～てみます。

🐱 문법포인트

1 동사 た형

동사 ~た형 만드는 방법

❶ **1그룹** : 끝음절을 음편형으로 바꾸고 「た」를 붙인다.

~ぅ、る、つ	~った	待つ → 待って
~ぶ、ぬ、む	~んだ	飲む → 飲んで
~く、ぐ	~いた、~いだ	書く → 書いて 泳ぐ → 泳いで
~す	~した	話す → 話して

예외! 行く → 行って

❷ **2그룹** : 「る」를 없애고 「た」를 붙인다.
　　　　食べる → 食べた　　起きる → 起きた
❸ **3그룹** : 「来る」「する」 → 来た、した

◈ 昨日、友達と 一緒に ご飯を 食べた。
◈ 先週の パーティーで お酒を 飲んだ。
◈ ペットボトルで ロボットを 作った。

2 ~たことが あります。 ~한 적이 있습니다.

◈ 漫画を 描いたことが あります。
◈ アメリカに 行ったことが ありますか。
◈ テントで 寝たことは ありません。

단어 パーティー 파티 お酒 술 ペットボトル 페트병 漫画 만화 テント 텐트

3 ～(た)とき、何を しますか / どうしますか。

～(했을)때, 무엇을 합니까? / 어떻게 합니까?

◈ 授業に 遅れたとき、どうしますか。

◈ ストレスが たまったとき、何を しますか。

◈ 風邪を ひいたとき、どうしますか。

4 ～たり、…たりします。 ～하거나, …하거나 합니다.

◈ 朝は 歯を 磨いたり、顔を 洗ったりします。

◈ 週末は カフェに 行ったり、買い物を したりします。

◈ 図書館では 本を 読んだり、勉強したりします。

5 ～てみます。 ～해 봅니다.

◈ 鈴木さんに メールを 送ってみます。

◈ 明日、新しい店に 行ってみましょう。

◈ この コートを 着てみても いいですか。

単어 　授業 수업　ストレス 스트레스　風邪 감기　朝 아침　歯 치아　顔 얼굴　買い物 쇼핑　勉強 공부　新しい店 새로운 가게

🐱 연습문제

보기 와 같이 연습해 봅시다.

보기

1 中国_{ちゅうごく}へ 行_いく

Ⓐ 中国_{ちゅうごく}へ 行_いった ことが ありますか。

Ⓑ1 はい、行_いった ことが あります。

Ⓑ2 いいえ、行_いった ことが ありません。

❶ 鈴木_{すずき}さんに 会_あう

❷ 新幹線_{しんかんせん}に 乗_のる

❸ 黒_{くろ}ビールを 飲_のむ

❹ 相撲_{すもう}を 見_みる

단어 中国_{ちゅうごく} 중국 黒_{くろ}ビール 흑맥주 相撲_{すもう} 스모

116

2 道_{みち}に 迷_{まよ}う・地図_{ちず}で 調_{しら}べる

Ⓐ キムさんは 道_{みち}に 迷_{まよ}ったとき、どうしますか。

Ⓑ そうですね。まず、地図_{ちず}で 調_{しら}べます。

❶ 約束_{やくそく}の 時間_{じかん}に 遅_{おく}れる・相手_{あいて}に 謝_{あやま}る

❷ 急_{きゅう}に 雨_{あめ}が 降_ふってくる・近_{ちか}くの カフェに 入_{はい}る

❸ クレジットカードを なくす・コールセンターに 電話_{でんわ}を する

❹ 電車_{でんしゃ}に 忘_{わす}れ物_{もの}を する・駅員_{えきいん}さんに 話_{はな}す

단어 道_{みち}に 迷_{まよ}う 길을 잃다(헤매다) 地図_{ちず} 지도 調_{しら}べる 찾아보다 約束_{やくそく} 약속 遅_{おく}れる 늦다(지각하다) 相手_{あいて} 상대방
謝_{あやま}る 사과하다 急_{きゅう}に 갑자기 雨_{あめ} 비 降_ふってくる 내리다 近_{ちか}く 근처 カフェ 카페 入_{はい}る 들어가다
クレジットカード 신용카드 なくす 분실하다 コールセンター 콜센터 忘_{わす}れ物_{もの}を する 분실하다 駅員_{えきいん}さん 역무원

🐱 연습문제

(보기) 와 같이 연습해 봅시다.

3 音楽を 聞く・ゲームを する

Ⓐ 休みの 日は 何を しますか。
Ⓑ 音楽を 聞いたり ゲームを したりします。

① 友達に 会う・映画を 見る

② 本を 読む・部屋で ごろごろする

③ ドライブに 行く・海辺を 散歩する

④ デートを する・ペットの 世話を する

단어 音楽 음악　聞く 듣다　ごろごろする 빈둥거리다(뒹굴뒹굴 구르다)　海辺 바닷가　ペット 애완동물
世話を する 보살피다

118

와 같이 연습해 봅시다.

> **보기**
>
> **4** この映画を見る・とてもおもしろい
>
> Ⓐ この 映画を 見た ことが ありますか。
>
> Ⓑ いいえ、ありません。
>
> Ⓐ とても おもしろいですよ。
>
> Ⓑ じゃ、今度 見て みます。

❶ 新宿に 行く・とても にぎやかだ

❷ 南山に 登る・夜景が きれいだ

❸ ちらし寿司を 食べる・とても おいしい

❹ この小説を 読む・とてもおもしろい

단어 今度 이번(이 다음) 新宿 신주쿠 にぎやかだ 번화하다 南山 남산 登る 오르다 夜景 야경 ちらし寿司 지라시초밥
小説 소설

🐶 회화 1

🎧 TRACK 9

김유나와 사토가 오코노미야키를 먹고 가게에서 나온다.

佐藤 淳　お好み焼き、おいしかったですね。

キムユナ　本当に おいしかったです。さすが 本場の お好み焼き！

　　　　　おなか いっぱい。

佐藤 淳　ユナさん、もんじゃ焼きは 食べたことが ありますか。

キムユナ　いいえ、聞いたことは ありますが、食べたことは ありません。

　　　　　どんな 食べ物ですか。

佐藤 淳　お好み焼きに 似ていますが、だしが 多くて、少し ねばねばし

　　　　　ています。独特な 食べ物です。

キムユナ　へえ。今度 食べて みます。

もんじゃやき

たべてみたい！

📖 **단어**　お好み焼き 오코노미야키　さすが 제법　本場 본고장　おなか いっぱい 배불러　もんじゃ焼き 몬자야키
食べ物 음식　似ている 비슷하다　だし 육수　多い 많다　少し 조금　ねばねば 끈적끈적하다　独特だ 독특하다
今度 다음

🐱 회화 2

김유나와 사토가 오사카 거리를 걸으면서 이야기를 나누고 있다.

キムユナ	ゴホゴホ……。
佐藤 淳	ユナさん、どうしたんですか。
キムユナ	実は、今日の 朝から 喉が 痛くて……。 でも たいしたこと ありません。
佐藤 淳	薬は ありますか。
キムユナ	はい、念のため 薬を 持って きました。日本では 風邪を ひい た とき、どうしますか。やっぱり 薬を 飲みますか。
佐藤 淳	そうですね。薬を 飲んだり、早く 寝たり します。
キムユナ	韓国も 似ています。あとは、温かい お茶を たくさん 飲んだ り、おかゆを 食べたり します。
佐藤 淳	日本では 首に ネギを 巻きます。
キムユナ	え？ ネギを？
佐藤 淳	有名な 民間療法です。

ほんとうに？！

🗂️ 단어　ゴホゴホ 콜록콜록　どうしたんですか 왜 그래요?　実は 실은　喉が 痛い 목이 아프다　たいしたこと ありません
별거 아니에요　念のため 혹시 몰라서　風邪を ひく 감기에 걸리다　薬を 飲む 약을 먹다　早く 일찍　温かい 따뜻하다
お茶 녹차　おかゆ 죽　首 목　ネギ 대파　巻く 말다　民間療法 민간요법

🍎 Activity

1. 짝에게 아래에 있는 질문 6개를 해 봅시다. 「はい」일 경우에는 조금 더 자세히 물어 보세요. 서로 역할을 바꿔서도 해 봅시다.

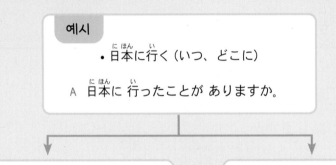

예시

• 日本に 行く (いつ、どこに)

A 日本に 行ったことが ありますか。

(경험이 있는 경우)

B はい、あります。
A そうですか。いつ 行ったんですか。
B 3年前です。
A へえ。どこに 行ったんですか。
B 名古屋に 行きました。

(경험이 없는 경우)

B いいえ、ないです。
A そうですか。
B (다음 질문을 한다)

① 日本人と 話す (誰と)

② 日本の ドラマを 見る (何を)

③ 浴衣を 着る (いつ、どこで)

④ 宝くじに 当たる (いくら)

⑤ 告白する (いつ、誰に)

⑥ テストで 100点を 取る (いつ)

📖 **단어** 名古屋 나고야(일본 지명) 浴衣 유카타(일본 전통 옷, 주로 여름에 착용함) 宝くじ 복권 当たる 당첨하다 告白する 고백하다 ～点を取る ～점을 받다

122

2. 짝을 지어 서로 아래 질문에 대답해 봅시다. 대답할 때는 「〜たり、〜たりします」
를 사용해 주세요.

❶ 風邪を ひいたとき、どうしますか。

(私)

(友達)

❷ 週末は 何を しますか。

(私)

(友達)

3 (롤플레이) A는 한국 사람, B는 일본 사람입니다. A가 한국 음식을 B에게 소개하고
있습니다. 아래 빈칸에 단어나 표현을 자유롭게 넣어서 회화를 완성한 다음, 소리를
내어 말하기 연습을 해 봅시다.

A Bさん、❶＿＿＿＿＿＿＿(한국음식)を 食べたことが ありますか。

B いいえ、聞いたことは ありますが、食べたことは ありません。

　　どんな 食べ物ですか。

A ❷＿＿＿＿＿＿＿(❶과 비슷한 음식)に 似て いますが、

　　❸＿＿＿＿＿＿＿て、❹＿＿＿＿＿＿＿て います。(음식을 묘사하기)

　　❺＿＿＿＿＿＿＿食べ物です。(어떤 음식인지 표현하기)

B へえ。今度 食べて みます。

사진으로 보는 일본문화

学校、学生 (がっこう、がくせい) 학교, 학생

▶ 등교하는 초등학생

▶ 현장학습을 가는 초등학생

▶ 초등학교 운동회

▶ 부활동을 즐기고 있는 고등학생

▶ 개강한 일본의 대학교

▶ 학교 축제를 즐기는 대학생들

泣<ruby>な</ruby>かないで ください。

학습목표

1. 해야 할 일과 하지 말아야 할 일을 이야기할 수 있다.
2. 조언을 할 수 있다.

학습내용

1. (동사)ない형
2. ～ないで ください。
3. ～ないと いけません。
4. ～ないほうが いいです。
5. ～ながら。

🐱 문법포인트

---

1 동사~ない형

동사~ない형 만드는 방법

❶ 1그룹: 끝음절을 a단으로 바꾸고 「ない」를 붙인다.
　　　　会う → 会わない

　예외! 言う → 言わない

❷ 2그룹: 「る」를 없애고 「ない」를 붙인다.
　　　　食べる → 食べない
　　　　起きる → 起きない

❸ 3그룹: 「来る」「する」→ 来ない、しない

◈ 私は 納豆は 食べない。

◈ あの ラーメン屋には 行かない。

◈ 英会話教室では 日本語を 使わない。

---

2 ～ないで ください。 ～하지 말아주세요.

◈ 公園で たばこを 吸わないで ください。

◈ 最後まで 諦めないで ください。

◈ このことは 絶対 話さないで ください。

📖 ラーメン屋 라면 가게　英会話教室 영어 회화 학원　公園 공원　たばこ 담배　最後まで 마지막까지
このこと 이 일　絶対 절대　朝 아침　～までに 까지　留学 유학　両親 부모님　相談 상담, 상의

3 ～ないと いけません。 ～하지 않으면 안 됩니다. / ～해야 합니다.

◈ 明日は 朝6時に 起きないと いけません。

◈ 今日までに 食べないと いけません。

◈ 留学するためには、両親と 相談しないと いけません。

4 ～ないほうがいいです。 ～하지 않는 편이 좋습니다.

◈ 危ないですから、今は 外出しないほうが いいです。

◈ 体に 悪いですから、たばこを 吸わないほうがいいです。

◈ 明日は 試験ですから、あまり 無理しないほうが いいですよ。

5 ～ながら…。 ～하면서(동시 동작)

◈ コーヒーを 飲みながら 話しましょう。

◈ 先生の 話を 聞きながら メモを します。

◈ ネットで 調べながら、宿題を しています。

単어 危ない 위험하다 外出 외출 体 몸 悪い 나쁘다 話 이야기 ネット 인터넷

🐱 연습문제

보기 와 같이 연습해 봅시다.

---

1 ここで 写真を 撮る 보기

Ⓐ すみません、<u>ここで 写真を 撮って</u>も いいですか。

Ⓑ いいえ、<u>撮ら</u>ないで ください。

---

① 電気を 消す

② ここに ごみを 捨てる

③ ここで 携帯を 使う

④ 出発の 時間に 少し 遅れる

単어 写真 사진　を ~을/를　撮る 찍다　電気 불(전기)　消す 끄다　捨てる 버리다　出発 출발　時間 시간　遅れる 늦다

128

보기 와 같이 연습해 봅시다.

보기

2 出掛ける・服を 着替える

Ⓐ あ、もう こんな 時間ですね。
　　そろそろ 出掛けましょうか。
Ⓑ すみません、ちょっと 待って ください。
　　服を 着替えないと いけません。

❶ ホテルに 帰る・お土産を もう ひとつ 買う

❷ バスに 乗る・トイレに 行く

❸ 寝る・歯を 磨く

❹ お弁当を 食べる・手を 洗う

단어 出掛ける 나가다(외출하다)　服 옷　着替える 갈아입다　こんな 이런　そろそろ 슬슬　歯 이　磨く 닦다

🐾 연습문제

보기 와 같이 연습해 봅시다.

> **보기**
>
> **3**
> Ⓐ 日本語（にほんご）が 上手（じょうず）に なりたいです。(韓国語（かんこくご）を 使（つか）う)
> Ⓑ そうですか。じゃあ、韓国語（かんこくご）を 使（つか）わない ほうが いいですよ。

❶ A：もう おなか いっぱいです。(これ以上（いじょう） 食（た）べる)

　 B：そうですか。じゃあ、＿＿＿＿＿＿＿＿＿＿＿＿＿＿＿＿＿＿＿＿。

❷ A：この頃（ごろ） 咳（せき）が 出（で）ます。(たばこを 吸（す）う)

　 B：そうですか。じゃあ、＿＿＿＿＿＿＿＿＿＿＿＿＿＿＿＿＿＿＿＿。

❸ A：目（め）が かゆいです。(触（さわ）る)

　 B：そうですか。じゃあ、＿＿＿＿＿＿＿＿＿＿＿＿＿＿＿＿＿＿＿＿。

❹ A：最近（さいきん）、体（からだ）の 調子（ちょうし）が 良（よ）くないです。(無理（むり）する)

　 B：そうですか。じゃあ、＿＿＿＿＿＿＿＿＿＿＿＿＿＿＿＿＿＿＿＿。

단어 おなか いっぱい 배가 부르다　これ以上（いじょう） 더 이상　この頃（ごろ） 요즘　咳（せき） 기침　出（で）る 나다　たばこ 담배　吸（す）う 피다　目（め） 눈
かゆい 가렵다　触（さわ）る 만지다(손을 대다)　体（からだ） 몸　調子（ちょうし） 상태　無理（むり）する 무리하다

130

4

おんがく   き   べんきょう
音楽を 聞く・勉強する

Ⓐ イさんは 音楽を 聞きながら 勉強した ことが ありますか。

Ⓑ1 はい、あります。

Ⓑ2 いいえ、ありません。

❶ うんてん   けいたい   つか
   運転する・携帯を 使う

❷ ある   す
   歩く・たばこを 吸う

❸ ほん よ   ふ ろ   はい
   本を 読む・お風呂に 入る

❹ ほんやく き つか   がいこくじん はな
   翻訳機を 使う・外国人と 話す

단어   おんがく   き   うんてん   けいたい   ほんやく き
      音楽 음악 聞く 듣다 運転する 운전하다 携帯 휴대폰 翻訳機 번역기

🐱 회화 1

🎧 TRACK 10

김유나와 사토가 카페에서 이야기하고 있다.

キムユナ　あーあ。日本旅行も とうとう 今日までです。

佐藤 淳　明日は 何時の 飛行機ですか。

キムユナ　ええと、たしか、9時くらいです。

佐藤 淳　え！朝の 9時ですか？早いですね。

キムユナ　はい。でも 大丈夫です。大阪駅から 夜行バスに 乗って、直行で 成田空港まで 行きます。

佐藤 淳　へえ。直行バスですか。便利ですね。

キムユナ　はい。今日の ホテルは 夜行バスです。動画を 見ながら 行きます。

佐藤 淳　そうですね。寝ないほうが いいですよ。ユナさん、乗り過ごさないで くださいね！

ねないほうが いい！

단어　旅行 여행　とうとう 드디어　飛行機 비행기　たしか 아마(~라고 기억하고 있다는 것을 나타낼 때 사용하는 부사)
～くらい ~정도　早い 이르다　夜行バス 야간 버스　直行 직행　成田空港 나리타 공항　便利だ 편리하다　動画 동영상
乗り過ごす 목적지를 지나치다

132

🐱 회화 2

사토가 김유나와 헤어지는 것을 아쉬워하고 있다.

キムユナ	あ、もう そろそろ 行かないと いけません。
佐藤 淳	え、もう そんな 時間ですか。
キムユナ	9時 ちょうど 出発の 夜行バスを 予約しましたので、もう 行か
	ないと。
佐藤 淳	大阪駅まで 一緒に 行きたいんですが……。
キムユナ	いえいえ、ここまでで 十分です。淳さんの おかげで、大阪旅
	行も とても 楽しかったです。
佐藤 淳	ユナさん……。泣かないで ください……。
キムユナ	私は 泣いて いませんよ。淳さんこそ、泣かないで ください。
	また 遊びに 来ますから。

단어　もう そろそろ 이제 슬슬　そんな 그런　ちょうど 정시　出発 출발　予約する 예약하다　十分だ 충분하다
おかげで 덕분에　楽しい 즐겁다　泣く 울다　～こそ ～야 말로　遊ぶ 놀다

🍎 Activity

1. 일본은 지진이 자주 일어나는 나라입니다. 여행이나 유학으로 일본에 있을 때 지진이 일어나면 어떻게 해야 하는지 알아봅시다. 아래 동사 단어를 참고하여 (   )안에 '〜해 주세요', '〜하지 말아 주세요' 형태로 문장을 완성해 보아요.

① テーブルや 机の 下に （   ）

② 料理を しているときは、ガスレンジの 火を（   ）

③ ドアや 窓を （   ）

④ なるべく 電話を （   ）

⑤ あわてて 外に （   ）

⑥ 車は （   ）

⑦ エレベーターに 乗って いるときは、すぐに （   ）

⑧ 公共の 場所に いるときは、アナウンスを よく （   ）

⑨ 海に （   ）

⑩ デマを （   ）

> **동사**
>
> 開ける / 降りる / かける / 聞く / 消す / 信じる / 近づく / 使う / 出る / 入る

단어 なるべく 웬만하면 あわてて 서둘러, 급하게 すぐに 곧바로 公共の 場所 공공장소 よく〜 잘〜 海 바다
デマ 헛소문

134

2. 짝과 이야기를 나눠 봅시다. B는「～ないと　いけません」「～ないほうが　いい
です」를 사용해서 자유롭게 대답해 보세요.

❶

A 明日、日本語の テストが あります。

B そうですか。じゃあ、＿＿＿＿＿＿＿＿＿＿＿ね。

❷

A 明日、恋人と 会います。

B そうですか。じゃあ、＿＿＿＿＿＿＿＿＿＿＿ね。

❸

A スマホを なくしました……。

B え、本当ですか。じゃあ、＿＿＿＿＿＿＿＿＿ね。

❹

A あ、これ、賞味期限が今日までだ。

B じゃあ、＿＿＿＿＿＿＿＿＿＿＿ね。

단어 スマホ 스마트폰　賞味期限 유통기한

사진으로 보는 일본문화

年末年始　연말연시
(ねんまつねんし)

▶ 歳暮　연말 선물
(せいぼ)

▶ 大掃除　대청소
(おおそうじ)

▶ 年越しそば　12월31일에 먹는 메밀국수
(としこし)

▶ 除夜の鐘　제야의 종
(じょや かね)

▶ おせち料理　오세치 요리
(りょうり)

▶ しめかざり　시메카자리

부록

문법포인트 예문 해석

❷ 내년에 일본에 갑니다.
   내일 파티에서 스파게티를 먹습니다.
   매일 도서관에서 공부합니다.

❸ 운동장에서 축구를 합니다.
   선생님은 매일 학교에 옵니다.
   오늘 신주쿠에서 친구를 만납니다.

❹ (2) A 이번 달은 몇 월입니까?
      B 4월입니다.
      A 오늘은 몇 일입니까?
      B 24일입니다.
      A 콘서트는 언제입니까?
      B 9월 20일입니다.

   (3) A 어제는 무슨 요일이었습니까?
      B 어제는 금요일이었습니다.
      A 이 씨, 일요일에는 무엇을 합니까?
      B 백화점에 갑니다.
      A 시험은 무슨 요일입니까?
      B 다음 주 수요일입니다.

❺ A 김 씨의 생일은 지난 달이었죠?
   B 아니요, 다음 달입니다.
   A 이번 달은 중간시험이 있죠?
   B 네, 4일부터입니다.
   A 결혼식은 언제입니까?
   B 내일입니다.

UNIT 2

❶ 3년 전 오사카에서 지진이 일어났습니다.
   오늘은 아침 6시에 조깅 하였습니다.
   시험은 끝났습니까?

❷ 어제는 비가 내리지 않았습니다.
   오늘 시험입니다만, 공부하지 않았습니다.
   일본어를 전혀 몰랐습니다.

❸ A 도쿄까지는 신칸센을 탔습니까?
   B 네, 여동생과 탔습니다.
   A 제주도에서는 말을 탔습니까?

   B 네, 여자친구와 탔습니다.

❹ 매우 좋아하는 딸기 케익을 많이 먹었습니다.
   추운 날이 계속 이어졌습니다.
   최근 중국인 관광객이 별로 오지 않습니다.

❺ 지난 주는 운동하지 않았습니다.
   다음 주에 드디어 시험이 끝납니다.
   양 씨, 주말에는 보통 무엇을 합니까?

UNIT 3

❶ A 다녀오겠습니다.
   B 어디에 가나요?
   A 아야야…
   B 어라, 어디가 아프나요?
   A 신세 많이 졌습니다!
   B 저야말로, 그런데 어째서 회사를 그만두나요?

❷ 교토에 친구를 만나러 갑니다.
   식당에 밥을 먹으러 갑니다.
   어제 공원에 꽃구경 하러 갔습니다.

❸ A 무엇을 하고 싶습니까?
   B 라면을 먹고 싶습니다.
   A 어디에 가고 싶습니까?
   B 빨리 집에 돌아가고 싶습니다.
   A 누구를 만나고 싶습니까?
   B 일본 친구를 만나고 싶습니다.

❹ 함께 밥을 먹읍시다.
   지쳤습니다. 조금 쉽시다.
   식사 전에 손을 씻읍시다.

❺ 지금부터 카페에 가지 않겠습니까?
   오늘 밤 함께 영화를 보지 않겠습니까?
   이번 일요일에 교류회에 오지 않겠습니까?

UNIT 4

❶ 형(오빠)의 목표는 도쿄 대학에 합격하는 것입니다.
   나의 취미는 프라모델을 만드는 것입니다.
   그녀의 꿈은 영화에 출연하는 것입니다.

❷ 나는 책을 읽는 것을 좋아합니다.
아들은 게임 하는 것을 매우 좋아합니다.
학창 시절에는 피규어를 모으는 것을 좋아했습니다.

❸ 다나카 씨는 천 미터를 헤엄칠 수가 있습니다.
어라, 중국어도 말할 수 있습니까?
오늘은 축구 연습을 할 수가 없습니다.
그렇게 높은 산을 오를 수는 없습니다.

❹ 신칸센으로 도쿄에 갑니다.
가위로 고기를 자릅니다.
색연필로 그림을 그립니다.

UNIT 5

❶ 나는 친구에게 빵을 주었습니다.
여동생은 양 씨에게 선물을 주었습니다.
스즈키 씨는 야마다 씨에게 선물(기념품)을 주었습니다.

❷ 나는 친구에게 빵을 받았습니다.
여동생은 양 씨에게 선물을 받았습니다.
아들은 야마다 씨에게 선물(기념품)을 받았습니다.

❸ 친구가 나에게 빵을 주었습니다.
양 씨가 여동생에게 선물을 주었습니다.
야마다 씨는 아들에게 선물(기념품)을 주었습니다.

❹ 나는 노트북을 원합니다.
결혼 선물로 무엇을 원합니까?
반지를 별로 원하지 않습니다.

❺ '책'은 일본어로「ほん」이라고 합니다.
나무로 의자를 만듭니다.
까르보나라는 우유로 만듭니다.

UNIT 6

❷ 미안합니다만, 조금 더 기다려 주세요.
미안합니다만, 여기에 이름을 써 주세요.
미안합니다만, 천천히 말해 주세요.

❸ 샤워를 하고 10시에 잡니다.
일본에 와서 많은 친구가 생겼습니다.
중국에 가고, 한국에 가고, 그리고 일본에 돌아옵니다.

❹ 조금 더 TV를 보고 나서 잡니다.
스스로 생각하고 나서 선생님께 질문해 주세요.
아침 7시에 일어나서 조깅을 하고 아침밥을 먹습니다.

❺ 내일 오사카에서 도쿄까지 차로 갑니다.
여기에서 역까지 몇 분 정도 걸립니까?
매일 집에서 학교까지 걷습니다.

UNIT 7

❶ 김 씨는 지금 영화를 보고 있습니다.
여동생 말입니까? 옆 방에서 책을 읽고 있습니다.
벚나무 꽃잎이 팔랑거리며 지고 있었습니다.

❷ 여동생은 미국에 살고 있습니다.
창문이 열려 있기 때문에 시원합니다.
아, 선생님 방의 불이 켜져 있군요.

❸ A 기내에서 스마트폰을 사용해도 됩니까?
　 B 미안합니다만 스마트폰 사용은 좀 그래요.
　 A 잠시 쉬어도 되겠습니까?
　 B 네, 쉬세요!
　 A 맛있어 보이네. 조금 먹어 봐도 됩니까?
　 B 네, 드세요! / 미안합니다만 먹는 것은 좀 그래요.

❹ 부끄러워서 얼굴이 빨개졌습니다.
그는 올해 스무 살이 됩니다.
둘은 결혼해서 행복해졌습니다.

UNIT 8

❶ 3년 전에 결혼했어요.
선생님은 결혼했어요.
양 씨는 아버지를 매우 닮았습니다.

❷ A 범인 이름을 알고 있습니까?
　 B 아니요, 모릅니다.
　 A 그녀의 전화번호를 알고 있습니까?
　 B 네, 알고 있습니다./ 아니요, 모릅니다.

❸ A 밥은 벌써 먹었습니까?
　 B 네, 벌써 먹었습니다.
　 A 영어 숙제를 벌써 했습니까?
　 B 아니요, 아직 안 했습니다.

문법포인트 예문 해석

④ 나의 가족은 아빠와 엄마와 형 둘과 여동생입니다.

UNIT 9

① 어제 친구와 함께 밥을 먹었다.
지난 주 파티에서 술을 마셨다.
페트병으로 로봇을 만들었다.

② 만화를 그린 적이 있습니다.
미국에 간 적이 있습니까?
텐트에서 잔 적은 없습니다.

③ 수업에 늦었을 때 어떻게 합니까?
스트레스가 쌓였을 때 어떻게 합니까?
감기에 걸렸을 때 어떻게 합니까?

④ 아침에는 이를 닦거나 세수를 하거나 합니다.
주말에는 카페에 가거나 쇼핑을 하거나 합니다.
도서관에서는 책을 읽거나 공부하거나 합니다.

⑤ 스즈키 씨에게 메일을 보내 봅니다.
내일 새로운 가게에 가 봅시다.
이 코트를 입어 봐도 됩니까?

UNIT 10

① 나는 낫토는 먹지 않는다.
저 라멘 가게에는 가지 않는다.
영어 회화 교실에서는 일본어를 쓰지 않는다.

② 공원에서는 담배를 피우지 말아 주세요.
마지막까지 포기하지 말아 주세요.
이 일은 절대 말하지 말아 주세요.

③ 내일은 아침 6시에 일어나야 합니다.
오늘까지 먹어야 합니다.
유학하기 위해서는 부모님과 상담해야 합니다.

④ 위험하기 때문에 지금 외출하지 않는 편이 좋습니다.
몸에 나쁘기 때문에 담배를 피지 않는 편이 좋습니다.
내일 시험이기 때문에 그다지 무리하지 않는 편이 좋습니다.

⑤ 커피를 마시면서 이야기합시다.
선생님의 이야기를 들으면서 메모를 합니다.
인터넷으로 조사하면서 숙제를 하고 있습니다.

실전회화 해석

UNIT 1 (다음 달 도쿄에 갑니다)

회화 1 (김유나가 무료통화 앱으로 오사카에 있는 사토와 통화를 하고 있다.)

사토 준	여보세요!
김유나	아, 준 씨. 유나입니다.
사토 준	유나 씨, 안녕하세요? 오랜만입니다.
김유나	네. 저기 저…, 다음 달 도쿄에 갑니다.
사토 준	그래요! 언제입니까?
김유나	1월 14일, 목요일입니다.
사토 준	이제 곧이네요.

회화 2

사토 준	도쿄에서 무엇을 합니까?
김유나	도쿄에 한국인 친구가 있습니다. 그 친구를 만납니다.
사토 준	좋군요.
김유나	오사카에도 갑니다. 준 씨, 1월 20일은 시간이 있습니까?
사토 준	20일입니까? 괜찮습니다. 시간 있습니다.
김유나	다행이에요!
사토 준	친구도 함께입니까?
김유나	아니요, 친구는 가지 않습니다. 저만 갑니다.

UNIT 2 (어제는 수상 버스를 탔습니다)

회화 1 (김유나가 다나카에게 좋아하는 가수에 대한 이야기를 하고 있다.)

다나카	유나 씨, 주말에는 무엇을 했습니까?
김유나	토요일에 무도관에 갔습니다. 콘서트를 보았습니다.
다나카	아하, 누구의 콘서트입니까?
김유나	호시노 겐입니다. 정말 멋있었어요!
다나카	행사장에서 굿즈를 많이 샀습니까?
김유나	아니요, 별로 안 샀습니다.
다나카	이니, 왜죠?
김유나	이미 다 있어서요.

회화 2 (김유나와 다나카가 서로 주말에 한 일을 이야기하고 있다.)

김유나	어제는 수상 버스를 탔습니다.
다나카	누구와 탔습니까? 혼자서?
김유나	아니요, 한국인 친구와 탔습니다. 그 후 스카이트리 안에 있는 레스토랑에서 식사를 했습니다.
다나카	그렇군요, 좋았겠네요!

실전회화 해석

김유나	다나카 씨는 주말에 무엇을 했습니까?
다나카	저는 토요일도 일요일도 계속 일을 했습니다.
	이번 주 주말도 다음 주 주말도 일입니다.

UNIT 3 (오사카에 친구를 만나러 갑니다)

💬 **회화 1** (김유나가 나갈 준비를 마치고 게스트하우스 프런트에 나와 있다.)

다나카 이치로	아니, 유나 씨. 어딘가 가시나요?
김유나	네, 오늘은 아사쿠사에 선물을 사러 갑니다. 아사쿠사에 밖에 없어서…
다나카 이치로	맞아, 내일부터 오사카였죠?
김유나	그렇습니다. 오사카에 친구를 만나러 갑니다.
다나카 이치로	혹시 사토 준 군인가요?
김유나	대단해요! 어떻게 아셨죠?

💬 **회화 2** (김유나가 사토와 전화로 오사카 일정을 이야기하고 있다.)

김유나	내일은 10시에 오사카역에 도착합니다.
사토 준	그래요? 그럼 10시에 '시공의 광장'에서 만나죠!
	커다란 시계가 있는 곳입니다.
김유나	커다란 시계요? 알겠습니다.
사토 준	유나 씨, 오사카에서 무엇을 하고 싶습니까?
김유나	도톤보리에 가고 싶습니다. 유명한 제과 회사 간판 앞에서 사진을 찍고 싶어요!
사토 준	아아, 거기 말이죠? 갑시다!
김유나	준 씨도 함께 찍지 않겠습니까? 그 유명한 포즈로 찍읍시다!
사토 준	네? 아, 저는 괜찮습니다.

UNIT 4 (일본어로 노래를 부를 수가 있습니다)

💬 **회화 1** (김유나와 사토가 전화로 취미에 대해 이야기하고 있다.)

사토 준	유나 씨, 그 외에는 무엇을 하고 싶습니까? 오사카에서
김유나	글쎄요… 역시 사진을 많이 찍고 싶어요. 제 취미는 사진을 찍는 것입니다.
사토 준	그래요?
김유나	그 사진을 SNS에 올리는 것을 좋아합니다.
사토 준	어느 SNS에 올립니까? 인스타그램?
김유나	아니요, 트위터입니다.

💬 **회화 2** (김유나와 사토가 전화로 좋아하는 노래에 대해 이야기하고 있다.)

김유나	아, 그리고 가라오케에 가고 싶습니다!

사토 준	아, 유나 씨는 노래를 잘 부릅니까?
김유나	별로 잘 부르지는 못합니다만, 노래 부르는 것을 좋아합니다.
사토 준	근데, 한국어 노래가 있을지…
김유나	저, 일본어로 노래할 수가 있습니다. 일본 노래를 아주 좋아합니다.
사토 준	그래요? 일본 가수는 누구를 좋아합니까?
김유나	호시노 겐입니다.
사토 준	허, 호시노 겐 노래는 상당히 어렵죠! 대단하군요!
김유나	네. 역시 랩 부분은 부를 수가 없습니다.

UNIT 5 (어머니에게 받았습니다)

🗨 회화 1 (사토와의 통화를 끝낸 김유나는 게스트하우스에서 다나카와 이야기하고 있다.)

다나카 이치로	내일은 몇 시에 사토 군과 만나나요?
김유나	10시에 오사카역에서 만나기로 했습니다.
다나카 이치로	그렇군요. 기대되죠! …아, 맞아 맞아, 이걸 드릴게요.
김유나	아, 무엇인가요?
다나카 이치로	부적입니다. 제 딸이 화지(일본 종이)로 만들었습니다.
김유나	와! 예뻐요! 따님, 대단하군요! 솜씨가 좋네요.
다나카 이치로	아무거나 하나 고르세요!

🗨 회화 2 (게스트하우스 라운지에서 김유나와 다나카가 서로 선물을 교환하고 있다.)

김유나	저… 그럼 이것을 받겠습니다. 감사합니다. 그럼 답례로 이것을 따님에게 드리겠습니다.
다나카 이치로	이것은 무엇입니까?
김유나	긴챠쿠부쿠로입니다. 한국어로 '복주머니' 라고 합니다. 저도 어머니에게 받았습니다.
다나카 이치로	혹시 그 머리 장식도…?
김유나	네. 어머니가 저와 여동생에게 주었습니다.
다나카 이치로	좋은 어머니이시군요!
김유나	네. 정말 좋은 어머니예요. 다음에는 귀걸이를 가지고 싶습니다.

UNIT 6 (수족관까지 가 주세요)

🗨 회화 1 (오사카 역에 도착한 김유나에게 사토로부터 전화가 걸려 온다.)

| 사토 준 | 여보세요, 유나 씨. 미안합니다. 잊은 물건이 있습니다. 한 번 집에 귀가했다가 그 쪽으로 가겠습니다. |
| 김유나 | 네, 알겠습니다. 저는 괜찮으니까 천천히 오세요. |

〈오사카역 안 타르트 집에서〉

| 점원 | 어서 오세요! |

김유나	모두 맛있어 보여…. 이것과 이것 주세요.
점원	네, 잠시 기다려 주세요.
김유나	아, 미안합니다. 봉지를 따로따로 담아 주세요.

💬 회화 2 (김유나는 오사카역에서 택시를 타고 사토와의 약속 장소로 향한다.)

사토 준	여보세요, 유나 씨. 택시를 타고 수족관까지 올 수 있습니까? 수족관에서 만납시다!
김유나	네. 알겠습니다. 일본 택시는 처음이지만, 도전해 볼게요!
〈택시 안에서〉	
택시 기사	어디까지 가십니까?
김유나	'가이유칸'까지 가 주세요.
택시 기사	네, 알겠습니다. 손님, 관광이십니까?
김유나	네. 지난 주에 한국에서 와서 도쿄에서 놀고, 오늘 오사카에 왔습니다.
택시 기사	그렇습니까? 오사카에서는 무엇을 하십니까?
김유나	오늘은 수족관에 가고, 그리고 나서 가라오케에 가서 노래를 부를 겁니다.

UNIT 7 (한국의 남쪽에 살고 있습니다)

💬 회화 1 (택시 안에서 김유나와 기사가 이야기하고 있다.)

김유나	기사님, 미안합니다만 창문을 조금 열어도 됩니까?
택시 기사	네, 얼마든지!
김유나	미안합니다. 조금 더워서….
택시 기사	오늘은 조금 덥군요! 손님, 한국 분이십니까?
김유나	네. 한국의 남쪽에 살고 있습니다.
택시 기사	혹시 부산이십니까?
김유나	아니요. 대구라는 곳입니다. 부산에서 차로 1시간 정도예요.
택시 기사	그렇습니까? 그건 그렇고 손님, 일본어를 잘 하시네요?
김유나	아니요, 아직 멀었어요. 하지만 열심히 공부하고 있습니다.

💬 회화 2 (택시를 타고 가는 중에 사토에게서 전화가 온다.)

김유나	여보세요. 준 씨.
사토 준	유나 씨. 지금 어디입니까?
김유나	지금 택시에 타고 수족관으로 향하고 있습니다.
사토 준	그래요? 저는 입구에 있습니다.
김유나	저도 이제 곧 수족관에 도착합니다. 혹시 준 씨 갈색 코트를 입고 있습니까? 준 씨가 보였습니다.
사토 준	아! 그렇습니까? 아! 저 택시인가. 그럼 전화 끊을게요.
김유나	네. (전화를 끊는다) …에 에 엣취!
택시 기사	손님, 괜찮으십니까?

김유나	아, 네. 조금 추워졌네요. 창문 닫겠습니다.

UNIT 8 (형은 결혼했습니까?)

💬 회화 1 (김유나와 사토가 수족관 안 휴게실에서 이야기 하고 있다.)

김유나	아, 맞다. 제 언니가 얼마 전에 결혼했습니다.
사토 준	그래요! 축하합니다.
김유나	이것은 결혼식 사진입니다.
사토 준	이 사람이 언니세요? 유나 씨와 닮았네요.
김유나	자주 들어요! 이쪽은 오빠예요.
사토 준	오빠는 별로 안 닮았네요. 오빠는 결혼했습니까?
김유나	네. 오빠는 결혼했습니다. 이 아이가 조카예요.
사토 준	아, 오빠를 쏙 빼닮았군요!

💬 회화 2 (김유나와 사토가 가족 사진을 보며 이야기 하고 있다.)

김유나	이 사람은 제 어머니입니다. 한복을 입고 있습니다.
사토 준	한복? 한복이라는 건 무엇입니까?
김유나	준 씨, 치마저고리를 알고 있나요?
사토 준	치마저고리는 알고 있습니다. 어머니, 치마저고리를 입고 있군요!
김유나	치마저고리는 한복 중의 하나입니다. 치마저고리는 여자 한복입니다.
사토 준	과연! 그것은 몰랐습니다.
김유나	(꼬르륵…) 그건 그렇고, 준 씨, 점심은 먹었습니까?
사토 준	아니요, 아직 안 먹었습니다. 그럼 점심을 먹으러 갑시다!

UNIT 9 (들은 적은 있습니다만, 먹은 적은 없습니다)

💬 회화 1 (김유나와 사토가 오코노미야키를 먹고 가게에서 나온다.)

사토 준	오코노미야키, 맛있었죠!
김유나	정말 맛있었어요. 역시 본고장의 오코노미야키! 아, 배불러!
사토 준	유나 씨, 몬자야키는 먹은 적이 있습니까?
김유나	아니요, 들은 적은 있습니다만, 먹은 적은 없습니다. 어떤 음식인가요?
사토 준	오코노미야키와 비슷합니다만, 국물이 많아 조금 끈적끈적해요. 독특한 음식입니다.
김유나	어머! 다음에 먹어 볼게요!

실전회화 해석

🗨 회화 2 (김유나와 사토가 오사카 거리를 걸으면서 이야기를 나누고 있다.)

김유나	콜록콜록…
사토 준	유나 씨, 어찌 된 일이에요?
김유나	실은 오늘 아침 일어났을 때부터 목이 아파서…
	하지만 별일 아니에요.
사토 준	약은 있습니까?
김유나	네, 만일을 위해 약을 가지고 왔습니다. 일본에서는 감기에 걸렸을 때
	어떻게 합니까? 역시 약을 먹습니까?
사토 준	그러게요. 약을 먹기도 하고 일찍 자기도 합니다.
김유나	한국과 비슷하군요. 나머지는 따뜻한 차를 많이 마시기도 하고, 죽을 먹기도 합니다.
사토 준	일본에서는 목에 파를 두르기도 합니다.
김유나	네? 파를요?
사토 준	유명한 민간요법입니다.

UNIT 10 (울지 말아 주세요)

🗨 회화 1 (김유나와 사토가 카페에서 이야기하고 있다.)

김유나	아〜 아. 일본 여행도 드디어 오늘까지입니다.
사토 준	내일은 몇 시 비행기입니까?
김유나	저기, 아마 9시경이에요.
사토 준	네? 아침 9시입니까? 이르군요!
김유나	네, 하지만 괜찮아요! 오사카에서 심야 버스를 타고 직행으로 나리타 공항까지
	갑니다.
사토 준	아하! 직행 버스가 있군요! 편리하네요.
김유나	그렇습니다. 오늘 호텔은 심야 버스입니다. 동영상을 보면서 갑니다.
사토 준	그렇죠. 안 자는 편이 좋습니다. 유나 씨 내릴 곳을 지나치지 않도록 하세요!

🗨 회화 2 (사토가 김유나와 헤어지는 것을 아쉬워하고 있다.)

김유나	아, 이제 슬슬 가지 않으면 안됩니다.
사토 준	어, 벌써 그런 시간인가요?
김유나	정각 9시에 출발하는 심야 버스를 예약했기 때문에 이제 가야만해요.
사토 준	오사카역까지 함께 가고 싶습니다만….
김유나	아뇨 아뇨, 여기까지로 충분합니다. 준 씨 덕분에 오사카 여행도 매우 즐거웠습니다.
사토 준	유나 씨… 울지 말아 주세요…
김유나	저는 안 울어요. 준 씨야 말로 울지 말아 주세요. 또 놀러 올 테니까요!

연습문제 정답

UNIT 1

🐾 연습문제 1

① タクシーを 呼びます。
タクシーを 呼びません。

② 鍵を かけます。
鍵を かけません。

③ たばこを 吸います。
たばこを 吸いません。

④ 福岡に 行きます。
福岡に 行きません。

🐾 연습문제 2

① A 今日、ビールを 飲みますか。
B1 はい、飲みます。
B2 いいえ、飲みません。

② A 今日、浴衣を 着ますか。
B1 はい、着ます。
B2 いいえ、着ません。

③ A 今日、お土産を 買いますか。
B1 はい、買います。
B2 いいえ、買いません。

④ A 今日、散歩しますか。
B1 はい、散歩します。
B2 いいえ、散歩しません。

🐾 연습문제 3

① A 今から 何を しますか。
B カフェで 友達に 会います。

② A 今から 何を しますか。
B 公園で 写真を 撮ります。

③ A 今から 何を しますか。
B 図書館で 雑誌を 読みます。

A 今から 何を しますか。
B バス停に 行きます。

🐾 연습문제 4

A コンサートは いつですか。
B くがつ じゅうよっか どようびです。

A 交流会は いつですか。
B じゅうにがつ なのか すいようびです。

A 入学式は いつですか。
B しがつ ついたち げつようびです。

A 村上さんの 誕生日は いつですか。
B ごがつ とおか かようびです。

UNIT 2

🐾 연습문제 1

① 友達に 会いました。
友達に 会いませんでした。

② 漢字を 勉強しました。
漢字を 勉強しませんでした。

③ 雨が 降りました。
雨が 降りませんでした。

④ 昼寝を しました。
昼寝を しませんでした。

🐾 연습문제 2

① A 昨日、メールが 来ましたか。
B1 はい、来ました。
B2 いいえ、来ませんでした。

② A 昨日、ラーメンを 食べましたか。
B1 はい、食べました。
B2 いいえ、食べませんでした。

③ A 昨日、横浜に 行きましたか。

B1 はい、行きました。

B2 いいえ、行きませんでした。

④ A 昨日、お風呂に 入りましたか。

B1 はい、入りました。

B2 いいえ、入りませんでした。

😺 연습문제 3

① A 先週の 週末は 何を しましたか。

B 遊園地で ボートに 乗りました。

A それから 何を しましたか。

B コンビニで 彼女と カップラーメンを 食べました。

② A 先週の 週末は 何を しましたか。

B 遊園地で レールバイクに 乗りました。

A それから 何を しましたか。

B プリクラで 彼氏と 写真を 撮りました。

③ A 先週の 週末は 何を しましたか。

B 遊園地で メリーゴーラウンドに 乗りました。

A それから 何を しましたか。

B 広場で 家族と パレードを 観ました。

④ A 先週の 週末は 何を しましたか。

B 遊園地で スケボーに 乗りました。

A それから 何を しましたか。

B ベンチで 友達と 話しました。

😺 연습문제 4

① A 明日 銭湯に 行きますか。

B はい、行きます。

A 昨日も 銭湯に 行きましたか。

B いいえ、昨日は 行きませんでした。

② A 今週末 パーティーを しますか。

B はい、します。

A 先週末も パーティーを しましたか。

B いいえ、先週末は しませんでした。

③ A 今月 ご両親が 来ますか。

B はい、来ます。

A 先月も ご両親が 来ましたか。

B いいえ、来ませんでした。

④ A 今日 早く 寝ますか。

B はい、早く 寝ます。

A 昨日も 早く 寝ましたか。

B いいえ、寝ませんでした。

UNIT 3

😺 연습문제 1

① A 何を 飲むんですか。

B フランスの ワインを 飲みます。

② A どこに 行くんですか。

B 渋谷の ビックカメラに 行きます。

③ A いつ 国へ 帰るんですか。

B あさって 帰ります。

④ A 何に 乗るんですか。

B 新幹線に 乗ります。

😺 연습문제 2

① A どこに 行くんですか。

B 薬局に 薬を 買いに 行きます。

② A どこに 行くんですか。

B 国技館に 相撲を 見に 行きます。

③ A どこに 行くんですか。

B 講義室に 友達を 呼びに 行きます。

④ A どこに 行くんですか。

B 図書館に 本を 借りに 行きます。

😺 연습문제 3

① A　スペイン語を勉強したいですか。
B1 はい、とても勉強したいです。
B2 いいえ、あまり勉強したくないです。

② A　車の免許を取りたいですか。
B1 はい、とても取りたいです。
B2 いいえ、あまり取りたくないです。

③ A　オンライン授業を受けたいですか。
B1 はい、とても受けたいです。
B2 いいえ、あまり受けたくないです。

④ A　ゲストハウスに泊まりたいですか。
B1 はい、とても泊まりたいです。
B2 いいえ、あまり泊まりたくないです。

😺 연습문제 4

① A 一緒に日本のドラマを見ませんか。
B いいですね。見ましょう。

② A 一緒に おにぎりを 作りませんか。
B いいですね。作りましょう。

③ A 一緒に 台所の 片づけを しませんか。
B いいですね。しましょう。

④ A 一緒に 鈴木さんを 見送りに 行きませんか。
B いいですね。行きましょう。

UNIT 4

😺 연습문제 1

① A 夢は 何ですか。
B 世界旅行を することです。

② A 夢は 何ですか。
B エベレストに 登ることです。

③ A 夢は 何ですか。
B すてきな 人に 会うことです。

④ A 夢は 何ですか。
B 大きい犬を 飼うことです。

😺 연습문제 2

① A 車を 運転することが 好きですか。
B1 はい、とても 好きです。
B2 いいえ、あまり 好きじゃないです。

② A 動物園に 行くことが 好きですか。
B1 はい、とても 好きです。
B2 いいえ、あまり 好きじゃないです。

③ A 外国人の 友達と 付き合うことが 好きですか。
B1 はい、とても 好きです。
B2 いいえ、あまり 好きじゃないです。

④ A 一人で 旅行することが 好きですか。
B1 はい、とても 好きです。
B2 いいえ、あまり 好きじゃないです。

😺 연습문제 3

① A 新幹線でお弁当を 食べることが できますか。
B1 はい、できます。
B2 いいえ、できません。

② A コンビニで 両替することが できますか。
B1 はい、できます。
B2 いいえ、できません。

③ A 宅配便で 送ることが できますか。
B1 はい、できます。
B2 いいえ、できません。

④ A 国際電話を かけることが できますか。
B1 はい、できます。
B2 いいえ、できません。

연습문제 정답

🐼 연습문제 4

❶ A 料金を クレジットカードで 払う ことが で
きますか。
B あ、クレジットカードでは たぶん 払う こ
とが できません。でも、現金で 払う こと
は できますよ。

❷ A チケットを 電話で 予約する ことが できま
すか。
B あ、電話では たぶん 予約する ことが でき
ません。でも、インターネットで 予約する
ことが できますよ。

❸ A この ファイルを スマホで 見る ことが でき
ますか。
B あ、スマホでは たぶん 見る ことが できま
せん。でも、パソコンで 見る ことが でき
ますよ。

❹ A レジ袋で ごみを 捨てる ことが できますか。
B あ、レジ袋では たぶん 捨てる ことが でき
ません。でも、この ごみ袋で 捨てる こと
が できますよ。

UNIT 5

🐼 연습문제 1

❶ A ご両親の 銀婚式に 何を あげましたか。
B 銀の スプーンを あげました。
A いいですね。ご両親は 喜びましたか。
B はい、とても 喜びました。

❷ A 引っ越しのあいさつに 何を あげましたか。
B タオルを あげました。
A いいですね。隣の 人は 喜びましたか。
B はい、とても 喜びました。

❸ A 母の日の プレゼントに 何を あげましたか。
B 花を あげました。
A いいですね。お母さんは 喜びましたか。
B はい、とても 喜びました。

❹ A クリスマスプレゼントに 何を あげましたか。
B 指輪を あげました。
A いいですね。彼女は 喜びましたか。
B はい、とても 喜びました。

🐼 연습문제 2

❶ A 誕生日に 何を もらいましたか。
B 娘に 手袋を もらいました。
A へえ、いいですね。息子さんにも 何か
もらいましたか。
B いいえ、息子は 何も くれませんでした。

❷ A 誕生日に 何を もらいましたか。
B 佐藤さんに マカロンを もらいました。
A へえ、いいですね。木村さんにも 何かも
らいましたか。
B いいえ、木村さんは 何も くれませんでした。

❸ A 誕生日に 何を もらいましたか。
B 兄に 本を もらいました。
A へえ、いいですね。弟さんにも 何か もら
いましたか。
B いいえ、弟は 何も くれませんでした。

❹ A 誕生日に 何を もらいましたか。
B 姉に ギフトカード もらいました。
A へえ、いいですね。妹さんにも 何か もら
いましたか。
B いいえ、妹は 何も くれませんでした。

연습문제 3

① A その マグカップ、いいですね。
   B 田中さんが くれました。よかったら あげ
     ますよ。ふたつ ありますから。
   A え、本当ですか。ありがとうございます。

② A その ハンカチ、いいですね。
   B 祖母が くれました。よかったら あげますよ。
     ふたつ ありますから。
   A え、本当ですか。ありがとうございます。

③ A その キーホルダー、いいですね。
   B 姉が くれました。よかったら あげますよ。
     ふたつ ありますから。
   A え、本当ですか。ありがとうございます。

④ A その 万年筆、いいですね。
   B 伯父が くれました。よかったら あげますよ。
     ふたつ ありますから。
   A え、本当ですか。ありがとうございます。

연습문제 4

① A 今、一番 ほしいものは 何ですか。
   B そうですねえ……。ゲーム機が 一番 ほし
     いですね。

② A 今、一番 ほしいものは 何ですか。
   B そうですねえ……。かわいい ペットが 一
     番 ほしいですね。

③ A 今、一番 ほしいものは 何ですか。
   B そうですねえ……。新しい スマホが 一番
     ほしいですね。

④ A 今、一番 ほしいものは 何ですか。
   B そうですねえ……。自転車が 一番 ほしい
     ですね。

UNIT 6

연습문제 1

① 部屋を 掃除して 出掛けます。
② ちょっと 休んで また 歩きます。
③ 料理を 作って ルームメイトと 食べます。
④ お風呂に 入って 音楽を 聞きます。

연습문제 2

① A これから 何を しますか。
   B 新宿に 行って 友達に 会います。
   A その 後は 何を しますか。
   B コーヒーを 飲んで 買い物を します。

② A これから 何を しますか。
   B 窓を 開けて 部屋を 掃除します。
   A その 後は 何を しますか。
   B お弁当を 買ってきて 昼ごはんを 食べます。

③ A これから 何を しますか。
   B 顔を 洗って 歯を 磨きます。
   A その 後は 何を しますか。
   B パジャマに 着替えて 本を 読みます。

④ A これから 何を しますか。
   B 家を 出て バス停まで 歩きます。
   A その 後は 何を しますか。
   B バスに 乗って 博物館へ 行きます。

연습문제 3

① A 野菜を 切ってください。
   B 野菜を 切るんですね。わかりました。

② A 肉と 野菜を 炒めてください。
   B 肉と 野菜を 炒めるんですね。わかりまし
     た。

③ **A** カレーの ルウを 入れてください。
　B カレーの ルウを 入れるんですね。わかり
　　ました。
④ **A** 30分 煮込んでください。
　B 30分 煮込むんですね。わかりました。

🐱 연습문제 4

① **A** 昨日、何を しましたか。
　B 買い物を して 家に 帰りました。
　A それから 何を しましたか。
　B 料理を 作ってから 友だちと 食べました。

② **A** 昨日、何を しましたか。
　B 病院に 行って 薬を 飲みました。
　A それから 何を しましたか。
　B 薬を 飲んでから 寝ました。

③ **A** 昨日、何を しましたか。
　B ビールを 買って 家に 帰りました。
　A それから 何を しましたか。
　B お風呂に 入ってから ビールを 飲みました。

④ **A** 昨日、何を しましたか。
　B ドライブを して 家に 帰りました。
　A それから 何を しましたか。
　B ブログを 書いてから シャワーを しました。

UNIT 7

🐱 연습문제 1

① **A** 鈴木さんは 何を して いますか。
　B 今、ホテルの ロビーで 外国人と 話して い
　　ます。
② **A** 鈴木さんは 何を して いますか。
　B 今、居酒屋で お酒を 飲んで います。

③ **A** 鈴木さんは 何を して いますか。
　B 今、部屋で メールを 書いて います。
④ **A** 鈴木さんは 何を して いますか。
　B 今、ジムで 運動して います。

🐱 연습문제 2

① 家の 前に 車が 止まって います。
② 玄関の 前に 鍵が 落ちて います。
③ 部屋の 窓が 開いて います。
④ 車の 窓が 割れて います。

🐱 연습문제 3

① **A** あそこで 笑って いる 人は 誰ですか。
　B え、誰ですか。
　A ほら、あそこの、ワンピースを 着て ハイ
　　ヒールを はいて いる 人ですよ。
　B ああ、4年生の 安田さんですね。
② **A** あそこに 座って いる 人は 誰ですか。
　B え、誰ですか。
　A ほら、あそこの、スカーフを して サング
　　ラスを かけて いる 人ですよ。
　B ああ、4年生の 安田さんですね。
③ **A** あそこで 立って いる 人は 誰ですか。
　B え、誰ですか。
　A ほら、あそこの、茶色の セーターを 着て
　　腕時計を して いる 人ですよ。
　B ああ、4年生の 安田さんですね。
④ **A** あそこで 腕組みを して いる 人は 誰ですか。
　B え、誰ですか。
　A ほら、あそこの、コートを 着て 帽子を か
　　ぶって いる 人ですよ。
　B ああ、4年生の 安田さんですね。

😺 연습문제 4

① A すみません、このペンを借りても いいで
　　すか。
　B はい、どうぞ。
　A この 地図を もらっても いいですか。
　B すみませんが、それは ちょっと……。

② A すみません、この 椅子に 座っても いいで
　　すか。
　B はい、どうぞ。
　A この テーブルを 使っても いいですか。
　B すみませんが、それは ちょっと……。

③ A すみません、この スープを 温めても いい
　　ですか。
　B はい、どうぞ。
　A この 魚を 焼いても いいですか。
　B すみませんが、それは ちょっと……。

④ A すみません、この 傘を 借りても いいです
　　か。
　B はい、どうぞ。
　A この 傘を 友達に 貸しても いいですか。
　B すみませんが、それは ちょっと……。

😺 연습문제 5

① 日本語が 上手に なりました
② 仕事が 増えて 忙しく なりました。
③ 部屋が 暑く なりました
④ 石田さんは 有名人です

UNIT 8

😺 연습문제 1

① A 鍵の 開け方を 知って いますか。
　B はい、知って います。

A じゃあ、鍵の かけ方も 知って いますか。
B いいえ、それは 知りません。

② A 洗濯機の 使い方を 知って いますか。
　B はい、知って います。
　A じゃあ、ロッカーの 使い方も 知って いま
　　すか。
　B いいえ、それは 知りません。

③ A ごみの 日を 知って いますか。
　B はい、知って います。
　A じゃあ、ごみの 分け方も 知って いますか。
　B いいえ、それは 知りません。

④ A 建物の 入口を 知って いますか。
　B はい、知って います。
　A じゃあ、出口も 知って いますか。
　B いいえ、それは 知りません。

😺 연습문제 2

① A パーティーは もう 終わりましたか。
　B はい、もう 終わりました。
　A 友達も 帰りましたか。
　B いいえ、まだ 帰って いません。

② A メールは もう 読みましたか。
　B はい、もう 読みました。
　A 返事も 書きましたか。
　B いいえ、まだ 書いて いません。

③ A 荷造りは もう しましたか。
　B はい、もう しました。
　A 鍵も 返しましたか。
　B いいえ、まだ 返して いません。

④ A パンは もう 焼きましたか。
　B はい、もう 焼きました。
　A コーヒーも いれましたか。
　B いいえ、まだ いれて いません。

연습문제 정답

🐾 연습문제 3

① A この方は おばあさんですか。
B はい、祖母です。田舎に 住んで います。

② A この方は お母さんですか。
B はい、母です。病院に 働いて います。

③ A この方は お姉さんですか。
B はい、姉です。旅行会社に 勤めて います。

④ A この方は 弟さんですか。
B はい、弟です。高校に 通って います。

🐾 연습문제 4

① A Bさんは 家族の中で 誰に ①似て いますか。
B そうですねえ……。私は たぶん 父に ②似て います。

② A 失礼ですが、Bさんは ③結婚して いますか。
B はい、④結婚して います。でも、夫は 今、アメリカに ⑤住んで います。

③ A Bさん、久保田さんを ⑥知って いますか。
B はい、⑦知って います。とても おもしろい 人ですよね。

④ A お姉さんは ⑧結婚して いますか。
B はい、ちょうど 3年前の 今くらいに しました。

UNIT 9

🐾 연습문제 1

① A 鈴木さんに 会った ことが ありますか。
B1 はい、会った ことが あります。
B2 いいえ、会った ことが ありません。

② A 新幹線に 乗った ことが ありますか。
B1 はい、乗った ことが あります。
B2 いいえ、乗った ことが ありません。

③ A 黒ビールを 飲んだ ことが ありますか。
B1 はい、飲んだ ことが あります。
B2 いいえ、飲んだ ことが ありません。

④ A 相撲を 見た ことが ありますか。
B1 はい、見た ことが あります。
B2 いいえ、見た ことが ありません。

🐾 연습문제 2

① A キムさんは 約束に 遅れた とき、どうしますか。
B そうですね。まず、相手に 謝ります。

② A キムさんは 急に 雨が 降って きた とき、どうしますか。
B そうですね。まず、近くの カフェに 入ります。

③ A キムさんは クレジットカードを なくした とき、どうしますか。
B そうですね。まず、コールセンターに 電話を します。

④ A キムさんは 電車に 忘れ物を した とき、どうしますか。
B そうですね。まず、駅員さんに 話します。

🐾 연습문제 3

① A 休みの 日は 何を しますか。
B 友達に 会ったり 映画を 見たりします

② A 休みの 日は 何を しますか。
B 本を 読んだり 部屋で ごろごろしたりします。

③ A 休みの 日は 何を しますか。
B ドライブに 行ったり 海辺を 散歩したりします。

④ A 休みの 日は 何を しますか。
　B デートを したり ペットの 世話を したりし
　　ます

🐱 연습문제 4

① A 新宿に 行った ことが ありますか。
　B いいえ、ありません。
　A とても にぎやかですよ。
　B じゃ、今度 行って みます。

② A 南山に 登った ことが ありますか。
　B いいえ、ありません。
　A 夜景が きれいですよ。
　B じゃ、今度 登って みます。

③ A ちらし寿司を 食べた ことが ありますか。
　B いいえ、ありません。
　A とても おいしいですよ。
　B じゃ、今度 食べて みます。

④ A この 小説を 読んだ ことが ありますか。
　B いいえ、ありません。
　A とても おもしろいですよ。
　B じゃ、今度 読んで みます。

UNIT 10

🐱 연습문제 1

① A すみません、電気を 消しても いいですか。
　B いいえ、消さないで ください。

② A すみません、ここに ごみを 捨てても いい
　　ですか。
　B いいえ、捨てないで ください。

③ A すみません、ここで 携帯を 使っても いい
　　ですか。
　B いいえ、使わないで ください。

④ A すみません、出発の 時間に 少し 遅れても
　　いいですか。
　B いいえ、遅れないで ください。

🐱 연습문제 2

① A あ、もう こんな 時間ですね。そろそろ ホ
　　テルに 帰りましょうか。
　B すみません、ちょっと 待って ください。
　　お土産を もう ひとつ 買わないと いけませ
　　ん。

② A あ、もう こんな 時間ですね。そろそろ バ
　　スに 乗りましょうか。
　B すみません、ちょっと 待って ください。
　　トイレに 行かないと いけません。

③ A あ、もう こんな 時間ですね。そろそろ 寝
　　ましょうか。
　B すみません、ちょっと 待って ください。
　　歯を 磨かないと いけません。

④ A あ、もう こんな 時間ですね。そろそろ お
　　弁当を 食べましょうか。
　B すみません、ちょっと 待って ください。
　　手を 洗わないと いけません。

🐱 연습문제 3

① A もう お腹 いっぱいです。
　B そうですか。じゃあ、これ以上 食べない
　　ほうが いいですよ。

② A この 頃 咳が 出ます。
　B そうですか。じゃあ、たばこを 吸わない
　　ほうが いいですよ。

③ A 目が かゆいです。
　B そうですか。じゃあ、目を 触らない ほう
　　が いいですよ。

④ A 最近、体の調子が良くないです。
B そうですか。じゃあ、無理しないほうが
いいですよ。

😺 연습문제 4

① A イさんは運転しながら携帯を使ったこと
がありますか。
B1 はい、あります。
B2 いいえ、ありません。

② A イさんは歩きながらたばこを吸ったこ
とがありますか。

B1 はい、あります。
B2 いいえ、ありません。

③ A イさんは本を読みながらお風呂に入っ
たことがありますか。
B1 はい、あります。
B2 いいえ、ありません。

④ A イさんは翻訳機を使いながら外国人と
話したことがありますか。
B1 はい、あります。
B2 いいえ、ありません。

동사 총정리

あ행

会う 만나다

諦める 단념하다

開く 열리다

開ける 열다

遊ぶ 놀다

温める 데우다

当たる 적중하다, 들어맞다

集める 모으다

謝る 사과하다

洗う 씻다

歩く 걷다

言う 말하다

行く 가다

炒める 볶다

入れる 넣다

(コーヒーを)いれる (차나 커피를)우려내다

(授業を)受ける 받다, (수업을)듣다

歌う 노래를 부르다

売る 팔다

起きる 일어나다

送る 보내다

遅れる 늦다, 늦어지다

落ちる 떨어지다

泳ぐ 헤엄치다

降りる 내리다

終わる 끝나다

か행

買う 사다

飼う 키우다, 사육하다

返す 돌려주다

帰る 돌아가다, 돌아오다

変える 바꾸다

替える 갈다, 교환하다

(時間が)かかる (시간이)걸리다

書く 쓰다, 적다

(絵を)描く (그림을)그리다

(鍵を)かける (열쇠를)잠그다

(電話を)かける (전화를)걸다

(眼鏡などを)かける (안경 등을)쓰다

(掃除機を)かける (청소기를)밀다

貸す 빌려주다

稼ぐ 벌다

(帽子を)かぶる (모자를)쓰다

通う 다니다

借りる 빌리다

考える 생각하다

がんばる 힘내다, 분발하다

消える 꺼지다, 사라지다

着替える 갈아입다

聞く 듣다

切る 자르다, 썰다

着る 입다

来る 오다

消す 끄다

さ행

触る 만지다, 손을 대다

死ぬ 죽다

閉まる 닫히다

閉める 닫다

しゃべる 말하다, 수다 떨다

調べる 조사하다, 알아보다

知る 알다

信じる 믿다

(たばこを)吸う (담배를)피우다

捨てる 버리다

住む 살다

する 하다

座る 앉다

た행

楽しむ 즐기다

食べる 먹다

(ストレスが)たまる (스트레스가)쌓이다

近づく 다가오다

散る (꽃잎이)지다

使う 쓰다, 사용하다

疲れる 지치다

付き合う 사귀다

(電気などが)つく (전등 등이)켜지다

着く 도착하다

作る 만들다

(電気などを)つける (전등 등을)켜다

続く 계속되다, 잇따르다

勤める 근무하다

出掛ける 외출하다

出る 나가다, 나오다

通る 지나가다, 통과하다

泊まる 묵다, 숙박하다

止まる 서다, 멈추다

撮る 찍다

(免許を)取る (면허, 점수를)따다

な행

泣く 울다

なくす 분실하다, 잃어버리다

(に)なる 되다

煮込む 푹 끓이다

似る 닮다

寝る 자다

登る 올라가다

飲む 마시다

乗り過ごす (내릴 역을)지나치다

乗る 타다

は행

入る 들어가다, 들어오다
(靴を)はく (신발을)신다
走る 달리다
働く 일하다
話す 말하다, 이야기하다
払う 지불하다
(ピアノを)弾く (피아노를)치다
(風邪を)ひく (감기에)걸리다
拭く 닦다
(風が)吹く (바람이)불다
(雨が)降る (비가)내리다, 오다
降ってくる (비가)내리다, 오다
減る 줄다, 적어지다

ま행

巻く 감다
待つ 기다리다
迷う 길을 잃다, 헤매다
見える 보이다
磨く 닦다
見る 보다
向かう 향하다
持ってくる 가져오다

や행

焼く 굽다
休む 쉬다
やめる 그만두다
呼ぶ 부르다
読む 읽다
喜ぶ 기뻐하다, 좋아하다

わ행

分かる 알다, 이해하다
笑う 웃다
割れる 갈라지다, 깨지다

MEMO

외국어 출판 40년의 신뢰
외국어 전문 출판 그룹
동양북스가 만드는 책은 다릅니다.

40년의 쉼 없는 노력과 도전으로 책 만들기에 최선을 다해온 동양북스는
오늘도 미래의 가치에 투자하고 있습니다.
대한민국의 내일을 생각하는 도전 정신과 믿음으로 최선을 다하겠습니다.

동양북스

📖 동양북스 추천 교재

일본어 교재의 최강자, 동양북스 추천 교재

회화 코스북

일본어뱅크 다이스키
STEP 1·2·3·4·5·6·7·8

일본어뱅크
좋아요 일본어 1·2·3·4·5·6

일본어뱅크 도모다찌
STEP 1·2·3

분야서

일본어뱅크
좋아요 일본어 독해 STEP 1·2

일본어뱅크
일본어 작문 초급

일본어뱅크
사진과 함께하는
일본 문화

일본어뱅크
항공 서비스 일본어

가장 쉬운 독
일본어 현지회

수험서

일취월장 JPT
독해·청해

일취월장 JPT
실전 모의고사 500·700

일단 합격하고 오겠습니다
JLPT 일본어능력시험
N1·N2·N3·N4·N5

일단 합격하고 오겠습니다
JLPT 일본어능력시험
실전모의고사 N1·N2·N3·

단어·한자

특허받은
일본어 한자 암기박사

일본어 상용한자 2136
이거 하나면 끝!

일본어뱅크
좋아요 일본어 한자

가장 쉬운 독학
일본어 단어장

일단 합격하고 오겠습
JLPT 일본어능력시
단어장 N1·N2·N

중국어 교재의 최강자, 동양북스 추천 교재

중국어뱅크 북경대학 신한어구어
1·2·3·4·5·6

중국어뱅크 스마트중국어
STEP 1·2·3·4

중국어뱅크 집중중국어
STEP 1·2·3·4

중국어뱅크
버전업 사진으로
배우는 중국문화

중국어뱅크
문화중국어 1·2

중국어뱅크
관광 중국어 1·2

중국어뱅크
여행실무 중국어

중국어뱅크
호텔 중국어

중국어뱅크
판매 중국어

중국어뱅크
항공 실무 중국어

정반합 新HSK
1급·2급·3급·4급·5급·6급

일단 합격 新HSK 한 권이면 끝
3급·4급·5급·6급

버전업! 新HSK
VOCA 5급·6급

가장 쉬운 독학
중국어 단어장

중국어뱅크
중국어 간체자 1000

특허받은
중국어 한자 암기박사

동양북스 추천 교재

기타외국어 교재의 최강자, 동양북스 추천 교재

중고급 학습

첫걸음 끝내고 보는
프랑스어
중고급의 모든 것

첫걸음 끝내고 보는
스페인어
중고급의 모든 것

첫걸음 끝내고 보는
독일어
중고급의 모든 것

첫걸음 끝내고 보는
태국어
중고급의 모든 것

첫걸음 끝내고 보는
베트남어
중고급의 모든 것

단어장

버전업! 가장 쉬운
프랑스어 단어장

버전업! 가장 쉬운
스페인어 단어장

버전업! 가장 쉬운
독일어 단어장

가장 쉬운 독학
베트남어 단어장

여행 회화

NEW 후다닥
여행 중국어

NEW 후다닥
여행 일본어

NEW 후다닥
여행 영어

NEW 후다닥
여행 독일어

NEW 후다닥
여행 프랑스어

NEW 후다닥
여행 스페인어

NEW 후다닥
여행 베트남어

NEW 후다닥
여행 태국어

수험서 · 교재

한 권으로 끝내는 DELE
어휘 · 쓰기 · 관용구편 (B2~C1)

수능 기초 베트남어
한 권이면 끝!

버전업!
스마트 프랑스어

일단 합격하고 오겠습니다
독일어능력시험
A1 · A2 · B1 · B2